Impressum
Verlag: BABADADA GmbH, Nedderfeld 112 , 22529 Hamburg
Geschäftsführer / Verlagsleitung: Harald Hof
Druck: Books on Demand GmbH, In de Tarpen 42, 22848 Norderstedt

Imprint
Publisher: BABADADA GmbH, Nedderfeld 112 , 22529 Hamburg, Germany
Managing Director / Publishing direction: Harald Hof
Print: Books on Demand GmbH, In de Tarpen 42, 22848 Norderstedt

l'école
skóli

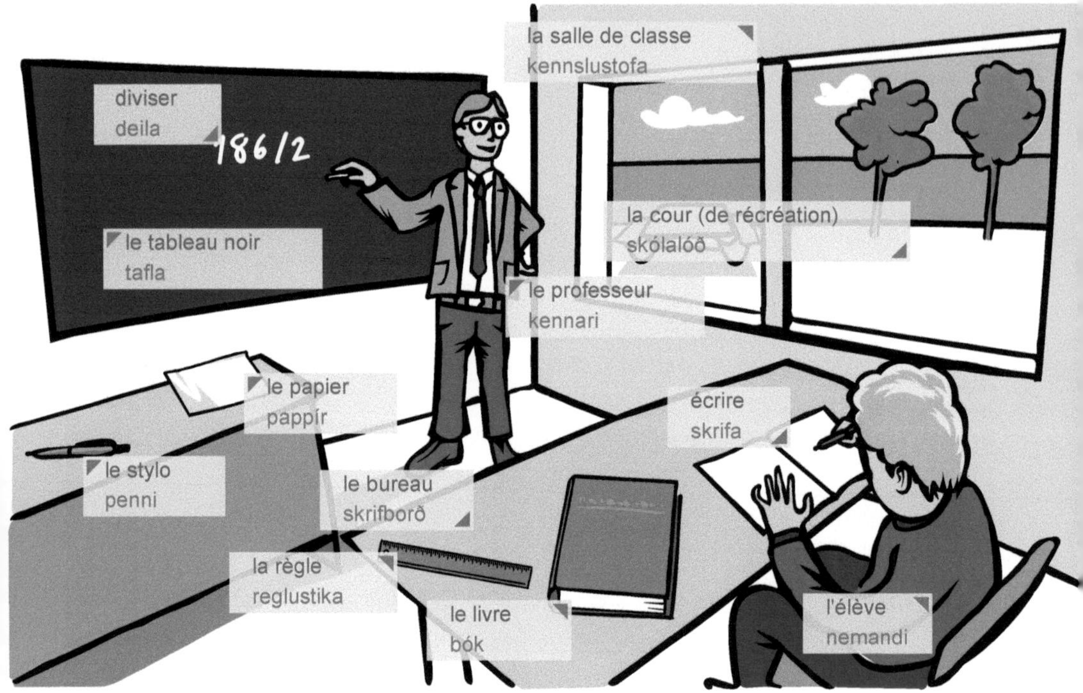
la salle de classe
kennslustofa
diviser
deila
186/2
le tableau noir
tafla
la cour (de récréation)
skólalóð
le professeur
kennari
le papier
pappír
écrire
skrifa
le stylo
penni
le bureau
skrifborð
la règle
reglustika
le livre
bók
l'élève
nemandi

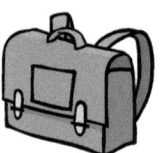

le cartable

skólataska

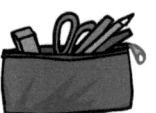

la trousse

pennaveski

le crayon

blýantur

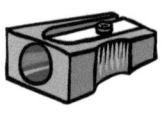

le taille-crayon

yddari

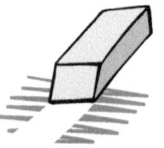

la gomme

strokleður

le carnet à dessin

teikniblað

le dessin

teikning

le pinceau

pensill

la boîte de peinture

litakassi

les ciseaux

skæri

la colle

lím

le cahier d'exercices

æfingabók

les devoirs

heimavinna

le chiffre

númer

additionner

leggja saman

soustraire

draga frá

multiplier

margfalda

calculer

reikna

la lettre

bréf

l'alphabet

stafróf

le mot

orð

le texte

texti

lire

lesa

la craie

krít

la leçon

kennslustund

le livre de classe

kladdi

l'examen

próf

le certificat

vottorð

l'uniforme scolaire

skólabúningur

la formation

menntun

le lexique

alfræðirit

l'université

háskóli

le microscope

smásjá

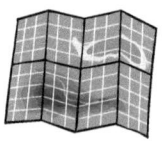

la carte

kort

la corbeille à papier

ruslakarfa

le voyage
ferðalög

l'hôtel
hótel
Grand
l'auberge
farfuglaheimili
ROOMS
CHANGE
le bureau de change
gjaldeyrisskipti
la valise
ferðataska
la voiture
bíll

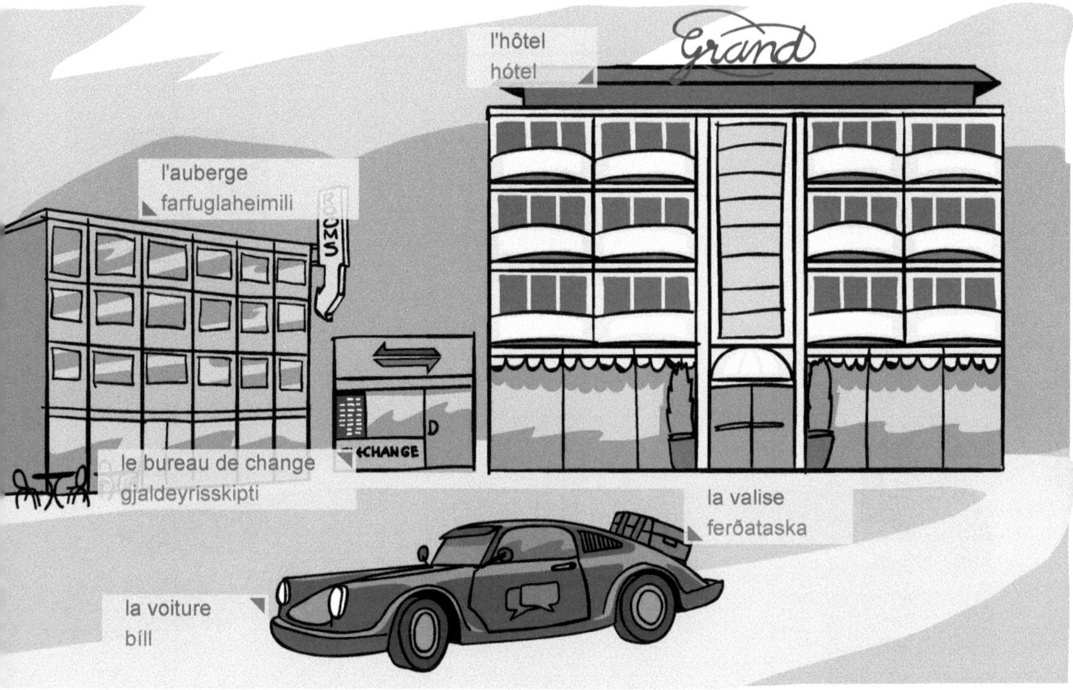

la langue

tungumál

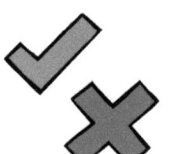

oui / non

já / nei

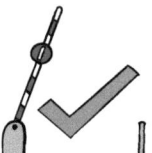

d'accord

allt í lagi

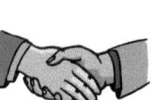

Salut

halló

l'interprète

þýðandi

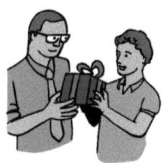

merci

takk fyrir

Combien coûte...?

hvað kostar...?

Je ne comprends pas

Ég skil ekki

le problème

vandamál

Bonsoir !

Gott kvöld!

Bonjour !

Góðan dag!

Bonne nuit !

Góða nótt!

Au revoir

bless bless

la direction

átt

les bagages

farangur

le sac

taska

le sac-à-dos

bakpoki

l'hôte

gestur

la pièce

herbergi

le sac de couchage

svefnpoki

la tente

tjald

l'office de tourisme

upplýsingamiðstöð

la plage

strönd

la carte de crédit

kreditkort

le petit-déjeuner

morgunverður

le déjeuner

hádegisverður

le dîner

kvöldmatur

le billet

farmiði

l'ascenseur

lyfta

le timbre

frímerki

la frontière

landamæri

la douane

tollur

l'ambassade

sendiráð

le visa

vegabréfsáritun

le passeport

vegabréf

le transport
samgöngur

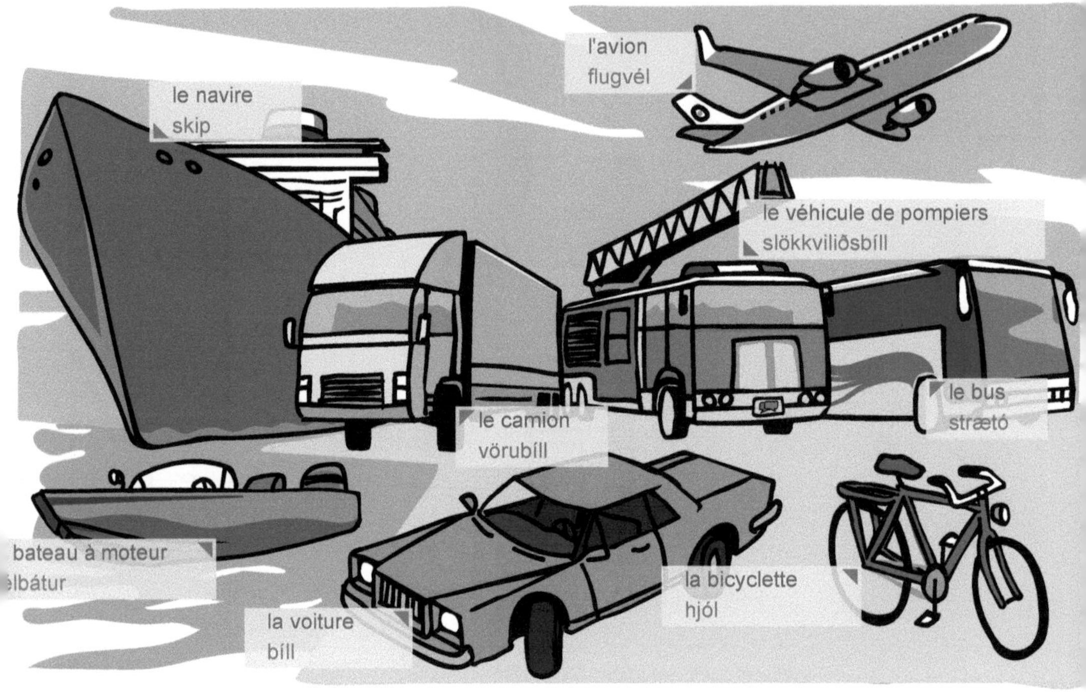
l'avion
flugvél
le navire
skip
le véhicule de pompiers
slökkviliðsbíll
le bus
strætó
le camion
vörubíll
bateau à moteur
ılbátur
la bicyclette
hjól
la voiture
bíll

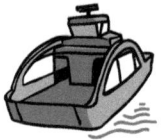

le ferry

ferja

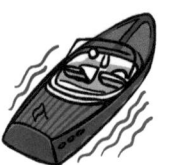

la barque

bátur

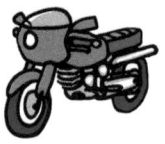

la moto

mótorhjól

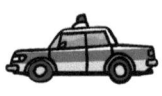

la voiture de police

lögreglubíll

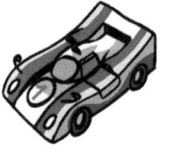

la voiture de course

kappakstursbíll

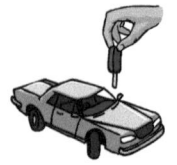

la voiture de location

bílaleigubíll

l'auto-partage

bílasamneyti

la voiture de remorquage

dráttarbíll

la benne à ordures

öskubíll

le moteur

vél

l'essence

eldsneyti

la station d'essence

bensínstöð

le panneau indicateur

umferðarskilti

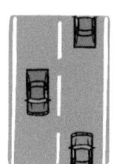

le trafic

umferð

l'embouteillage

umferðarteppa

le parking

bílastæði

la gare

lestarstöð

les rails

járnbrautarteinar

le train

lest

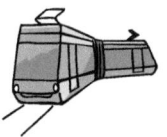

le tramway

sporvagn

le wagon

vagn

l'hélicoptère

þyrla

l'aéroport

flugvöllur

la tour

turn

le passager

farþegi

le conteneur

gámur

le carton

pappakassi

le chariot

kerra

la corbeille

karfa

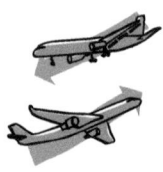

décoller / atterrir

takast á loft / lenda

la ville

borg

le village

þorp

le centre-ville

miðbær

la maison

hús

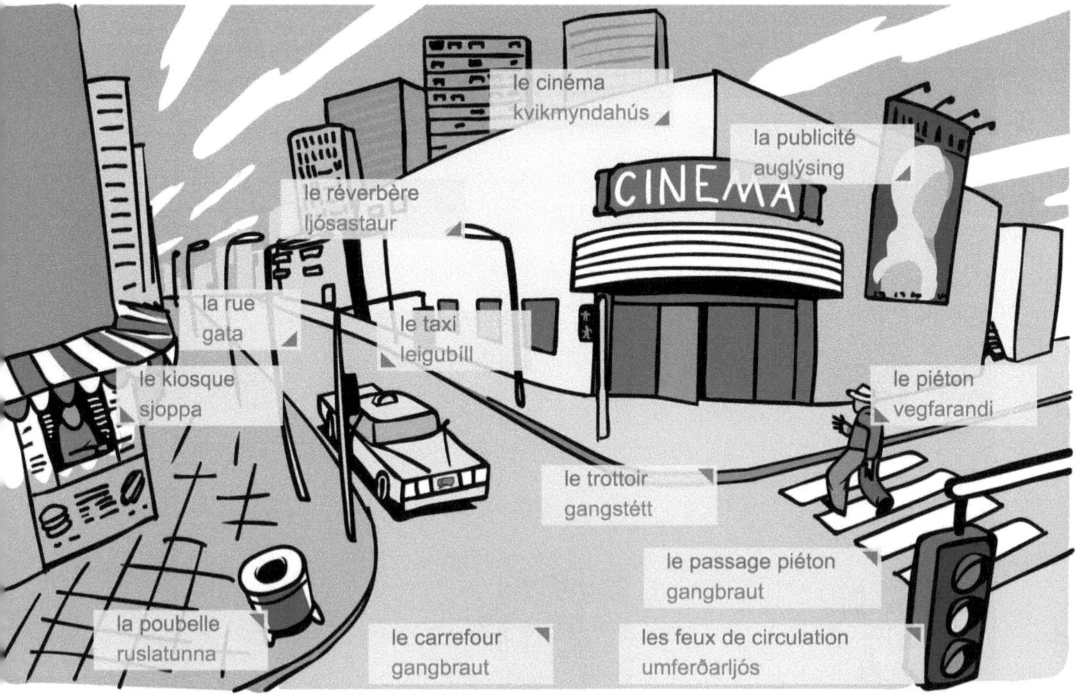
le cinéma
kvikmyndahús
CINEMA
la publicité
auglýsing
le réverbère
ljósastaur
la rue
gata
le taxi
leigubíll
le kiosque
sjoppa
le piéton
vegfarandi
le trottoir
gangstétt
le passage piéton
gangbraut
la poubelle
ruslatunna
le carrefour
gangbraut
les feux de circulation
umferðarljós

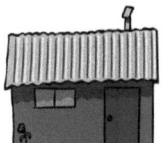

la cabane
skáli

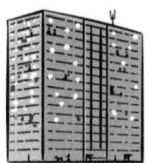

l'appartement
íbúð

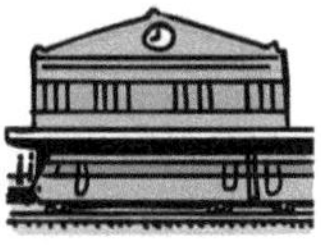

la gare
lestarstöð

la mairie
ráðhús

MUSEUM

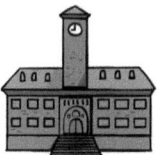

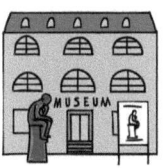

le musée
safn

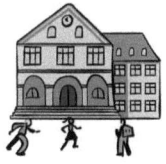

l'école
skóli

l'université

háskóli

la banque

banki

l'hôpital

sjúkrahús

l'hôtel

hótel

la pharmacie

apótek

le bureau

skrifstofa

la librairie

bókabúð

le magasin

búð

le fleuriste

blómabúð

le supermarché

kjörbúð

le marché

markaður

le grand magasin

stórmarkaður

la poissonnerie

fiskbúð

le centre commercial

verslunarmiðstöð

le port

höfn

le parc

almenningsgarður

la banque

bekkur

le pont

brú

les escaliers

stigi

le métro

neðanjarðarlest

le tunnel

göng

l'arrêt de bus

biðstöð

le bar

bar

le restaurant

veitingastaður

la boîte à lettres

póstkassi

le panneau indicateur

götuskilti

le parcmètre

stöðumælir

le zoo

dýragarður

le réverbère

sundlaug

la mosquée

moska

la ferme
bær

la pollution
mengun

la cimetière
kirkjugarður

l'église
kirkja

l'aire de jeux
leiksvæði

le temple
musteri

le paysage
landslag

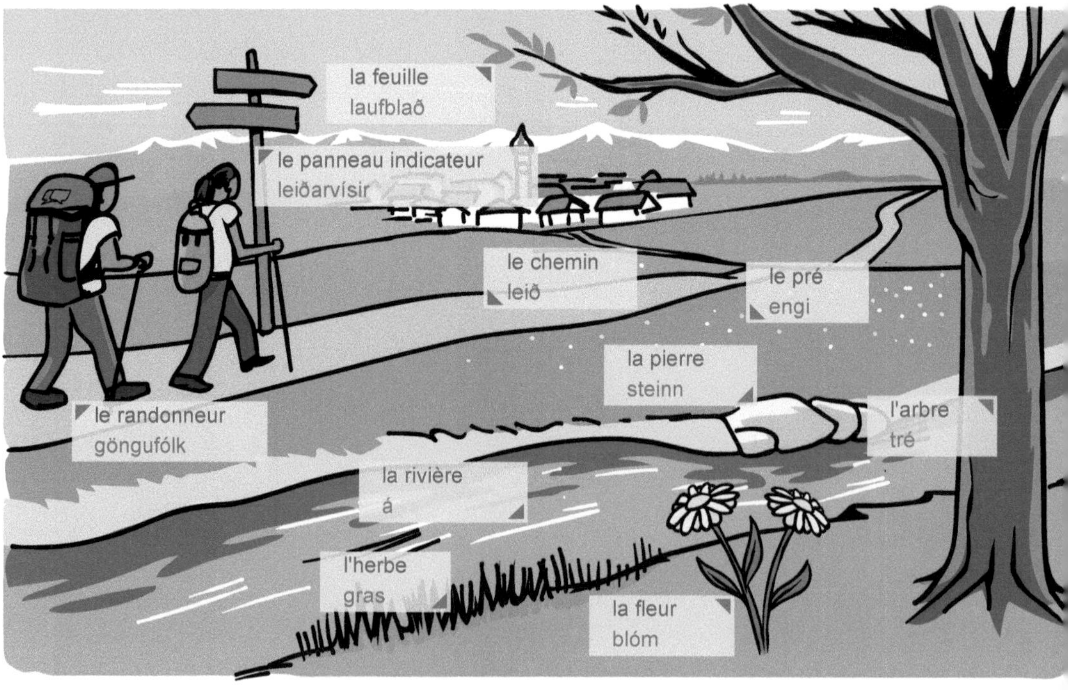

la feuille
laufblað

le panneau indicateur
leiðarvísir

le chemin
leið

le pré
engi

la pierre
steinn

l'arbre
tré

le randonneur
göngufólk

la rivière
á

l'herbe
gras

la fleur
blóm

la vallée

dalur

la montagne

hæð

le lac

stöðuvatn

la forêt

skógur

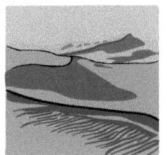

le désert

eyðimörk

le volcan

eldfjall

le château

kastali

l'arc-en-ciel

regnbogi

le champignon

sveppur

le palmier

pálmatré

le moustique

moskítófluga

la mouche

fluga

les fourmis

maur

l'abeille

býfluga

l'araignée

kónguló

le coléoptère

bjalla

la grenouille

froskur

l'écureuil

íkorni

le hérisson

broddgöltur

le lièvre

héri

la chouette

ugla

l'oiseau

fugl

le cygne

svanur

le sanglier

villisvín

le cerf

dádýr

l'élan

elgur

le barrage

stífla

l'éolienne

vindmylla

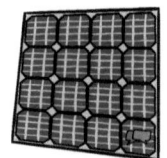

le panneau solaire

sólarrafhlaða

le climat

loftslag

le restaurant
veitingastaður

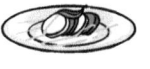

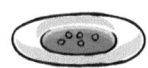

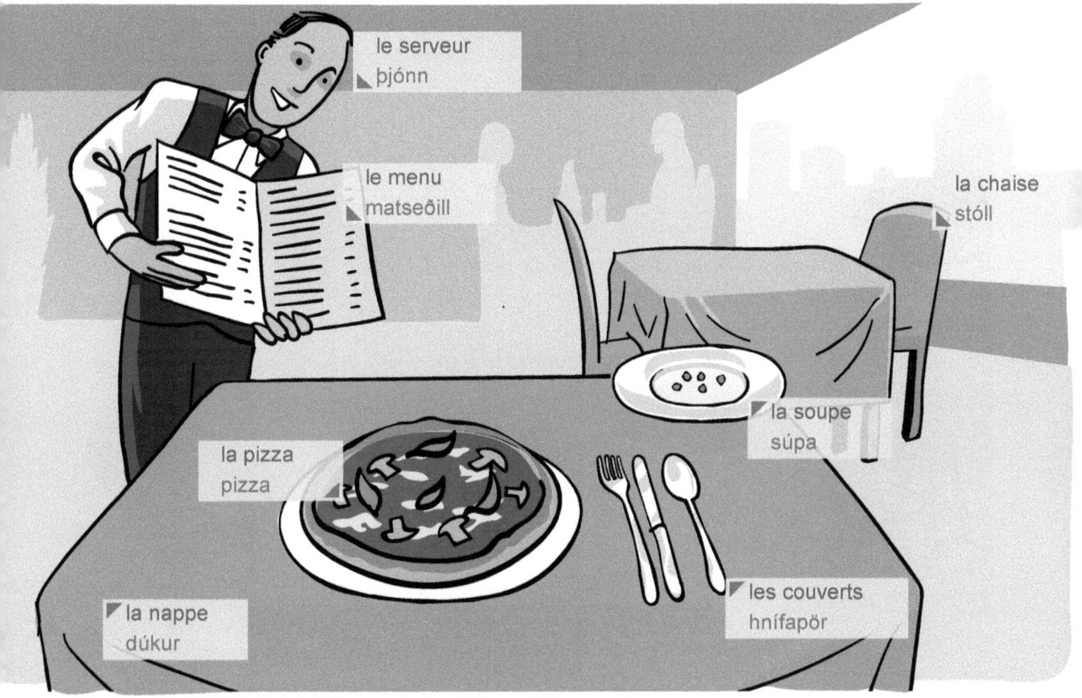
le serveur
þjónn
le menu
matseðill
la chaise
stóll
la soupe
súpa
la pizza
pizza
la nappe
dúkur
les couverts
hnífapör

les hors d'œuvre

forréttur

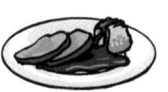

le plat principal

aðalréttur

le dessert

eftirréttur

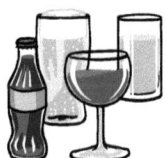

les boissons

drykkir

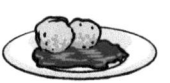

l'alimentation

matur

la bouteille

flaska

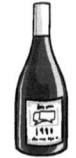

le fast-food

skyndibiti

les plats à emporter

götumatur

la théière

teketill

le sucrier

sykurskál

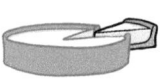

la portion

skammtur

la machine à expresso

espressovél

la chaise haute

barnastóll

la facture

reikningur

le plateau

bakki

le couteau

hnífur

la fourchette

gaffall

la cuillère

skeið

la cuillère à thé

teskeið

la serviette

servíetta

le verre

glas

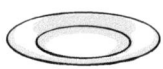

l'assiette
diskur

l'assiette à soupe
súpudiskur

la soucoupe
undirskál

la sauce
sósa

la salière
saltstaukur

le moulin à poivre
piparkvörn

le vinaigre
edik

l'huile
olía

les épices
krydd

le ketchup
tómatsósa

la moutarde
sinnep

la mayonnaise
majónes

le supermarché
kjörbúð

l'offre promotionnelle
tilboð
FOR
le client
viðskiptavinur
les produits laitiers
mjólkurvörur
les fruits
ávöxtur
le chariot
búðarkerra

BUTCHERS

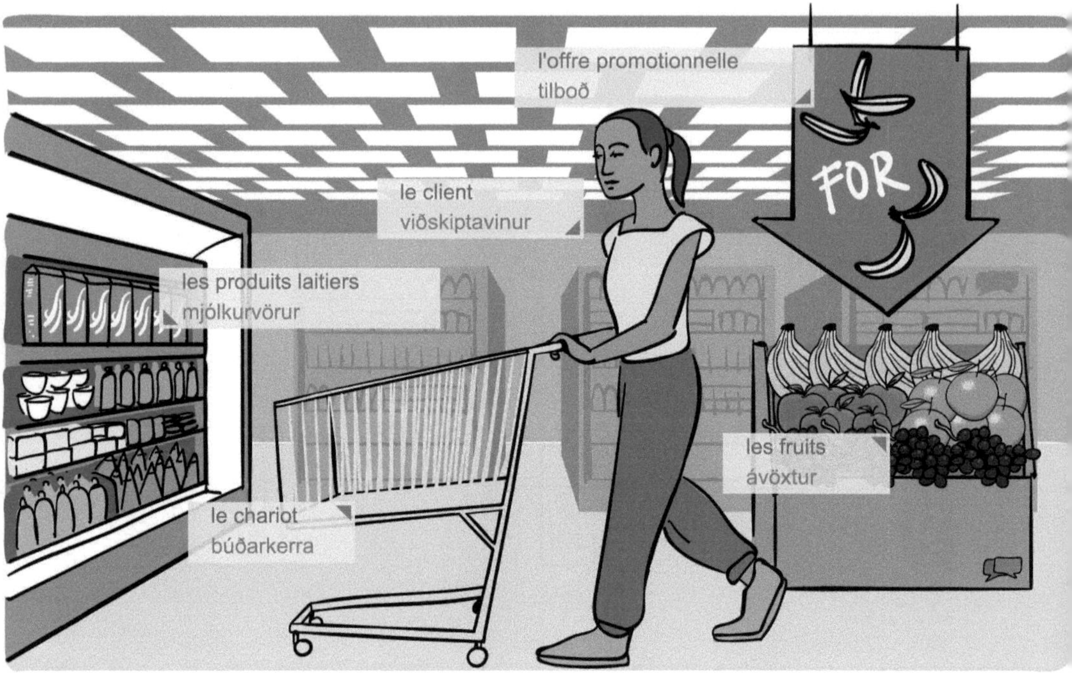

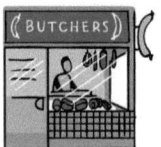

la boucherie

slátrari

BAKERY

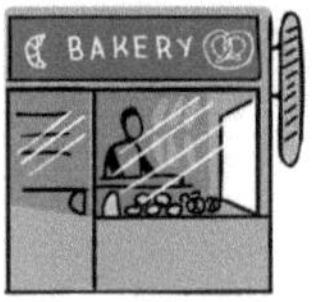

la boulangerie

bakarí

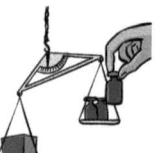

peser

vega

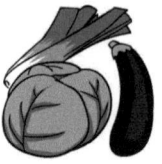

les légumes

grænmeti

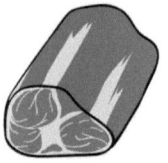

la viande

kjöt

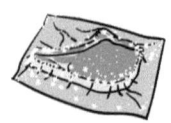

les aliments surgelés

frosinn matur

la charcuterie

kjötálegg

les conserves

niðursoðinn matur

la poudre à lessive

þvottaefni

les bonbons

sælgæti

les articles ménagers

vörur til heimilisnota

les détergents

hreinsiefni

la vendeuse

afgreiðslukona

la caisse

afgreiðslukassi

le caissier

gjaldkeri

la liste d'achats

innkaupalisti

les heures d'ouverture

opnunartímar

le portefeuille

veski

la carte de crédit

kreditkort

le sac

poki

le sac en plastique

plastpoki

l'eau

vatn

le jus de fruit

safi

le lait

mjólk

le coca

kók

le vin

vín

la bière

bjór

l'alcool

áfengi

le chocolat chaud

kakó

le thé

te

le café

kaffi

l'expresso

espresso

le cappuccino

kaffi

la banane
....
banani

la pomme
....
epli

l'orange
....
appelsínugulur

le melon
....
melóna

le citron.
....
sítróna

la carotte
....
gulrót

l'ail
....
hvítlaukur

le bambou
....
bambus

l'oignon
....
laukur

le champignon
....
sveppir

les noisettes
....
hnetur

les pâtes
....
núðlur

les spaghetti

spagettí

le riz

hrísgrjón

la salade

salat

les pommes frites

franskar kartöflur

les pommes de terre rôties

steiktar kartöflur

la pizza

pizza

le hamburger

hamborgari

le sandwich

samloka

l'escalope

snitsel

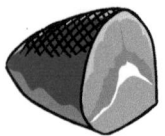

le jambon

skinka

le salami

salami

la saucisse

pylsa

le poulet

kjúklingur

le rôti

steik

le poisson

fiskur

les flocons d'avoine

haframjöl

le muesli

múslí

les cornflakes

kornflögur

la farine

hveiti

le croissant

franskt horn

les petits-pains

smábrauð

le pain

brauð

le pain grillé

ristað brauð

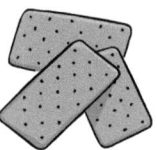

les biscuits

kex

le beurre

smjör

le fromage blanc

ystingur

le gâteau

kaka

l'œuf

egg

l'œuf au plat

spælt egg

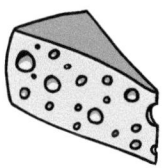

le fromage

ostur

l'alimentation - matur

la glace
ís

le sucre
sykur

le miel
hunang

la confiture
sulta

la crème nougat
súkkulaðiálegg

le curry
karrý

la ferme

bær

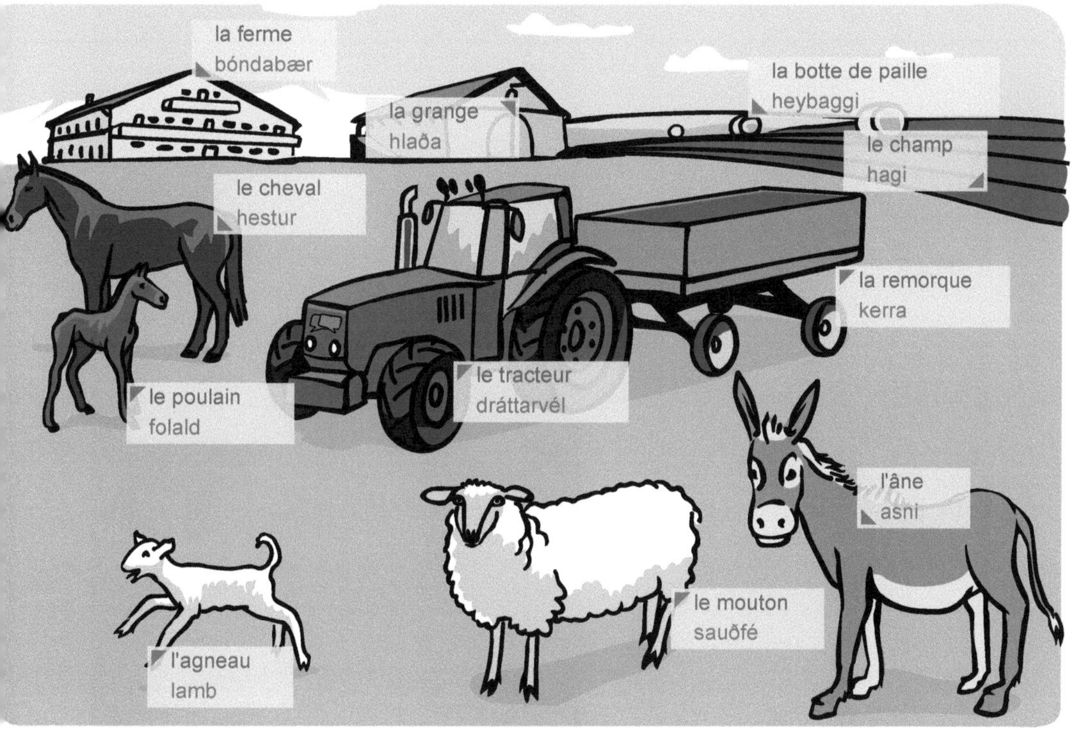
la ferme
bóndabær
la grange
hlaða
la botte de paille
heybaggi
le champ
hagi
le cheval
hestur
la remorque
kerra
le tracteur
dráttarvél
le poulain
folald
l'âne
asni
le mouton
sauðfé
l'agneau
lamb

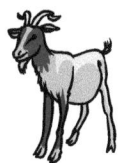

la chèvre

geit

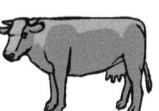

la vache

kýr

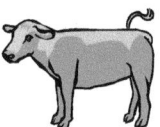

le veau

kálfur

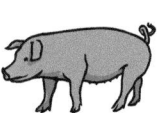

le porc

svín

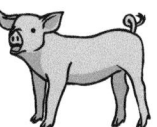

le porcelet

grís

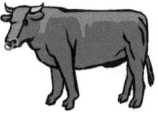

le taureau

naut

l'oie

gæs

le canard

önd

le poussin

ungi

la poule

hæna

le coq

hani

le rat

rotta

le chat

köttur

la souris

mús

le bœuf

uxi

le chien

hundur

le chenil

hundakofi

le tuyau de jardin

garðslanga

l'arrosoir

garðkanna

la faucheuse

ljár

la charrue

plógur

la faucille

sigð

la pioche

hlújárn

la fourche

heygaffall

la hache

öxi

la brouette

hjólbörur

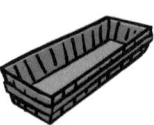

la cuve

trog

le pot à lait

mjólkurfata

le sac

poki

la clôture

girðing

l'étable

gripahús

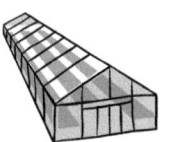

le serre

gróðurhús

le sol

jarðvegur

les semences

fræ

l'engrais

áburður

la moissonneuse-batteuse

kornskurðarvél

récolter

uppskera

la récolte

uppskera

l'igname

kínverskar kartöflur

le blé

hveiti

le soja

soja

la pomme de terre

kartafla

le maïs

maís

le colza

repja

l'arbre fruitier

ávaxtatré

le manioc

maníókarót

les céréales

korn

la maison
hús

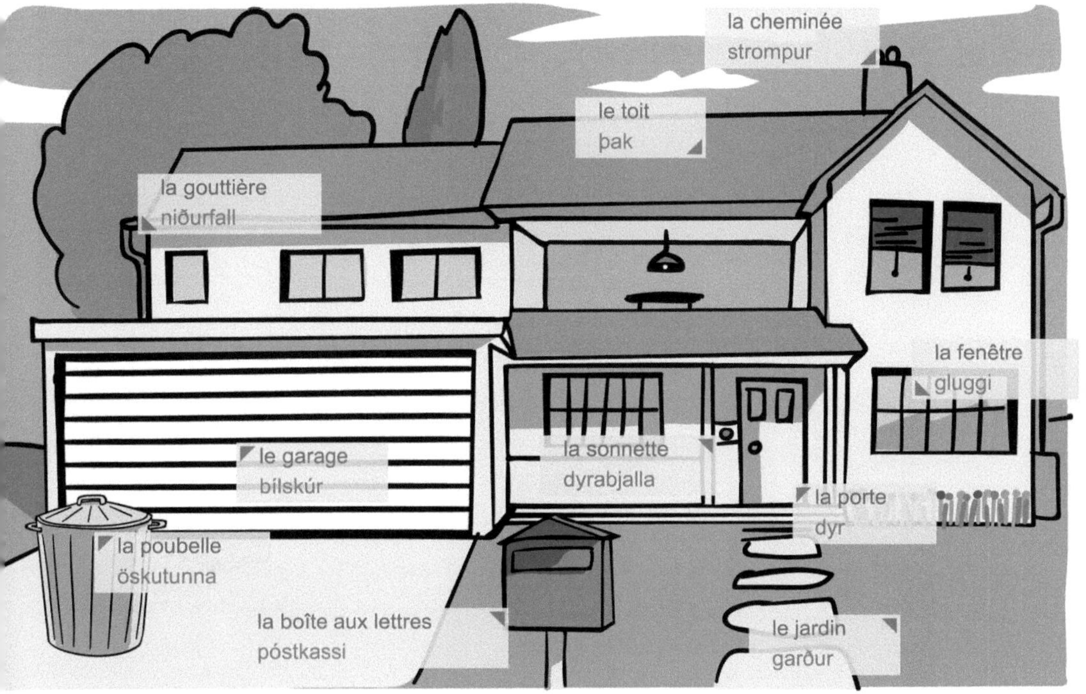

la cheminée
strompur
le toit
þak
la gouttière
niðurfall
la fenêtre
gluggi
le garage
bílskúr
la sonnette
dyrabjalla
la porte
dyr
la poubelle
öskutunna
la boîte aux lettres
póstkassi
le jardin
garður

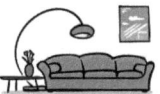

le salon
stofa

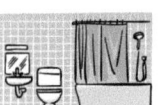

la salle de bain
baðherbergi

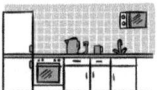

la cuisine
eldhús

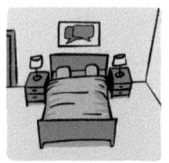

la chambre à coucher
svefnherbergi

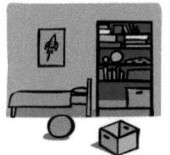

la chambre d'enfant
barnaherbergi

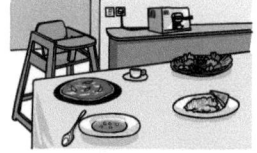

la salle à manger
borðstofa

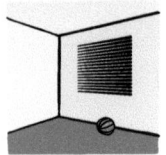

le sol

gólf

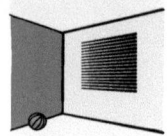

le mur

veggur

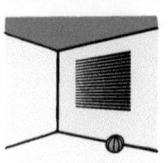

le plafond

loft

la cave

kjallari

le sauna

gufubað

le balcon

svalir

la terrasse

verönd

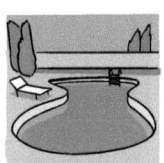

la piscine

sundlaug

la tondeuse à gazon

sláttuvél

la housse

lak

la couette

rúmteppi

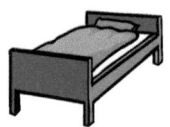

le lit

rúm

le balai

kústur

le sceau

fata

l'interrupteur

rofi

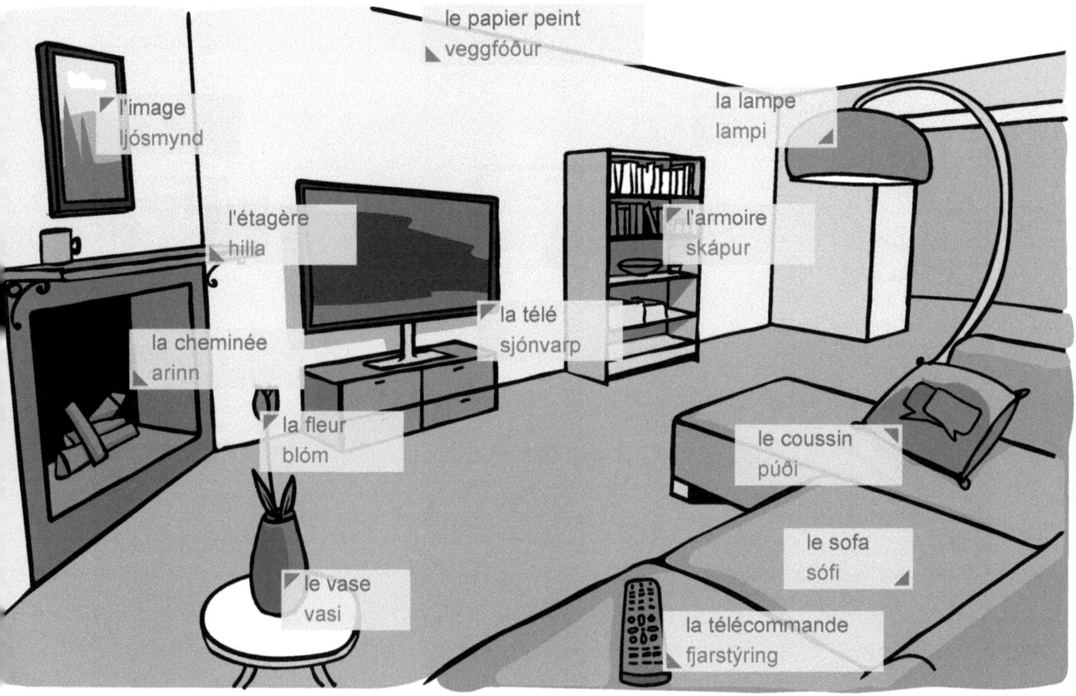

le papier peint
veggfóður

l'image
ljósmynd

la lampe
lampi

l'étagère
hilla

l'armoire
skápur

la télé
sjónvarp

la cheminée
arinn

la fleur
blóm

le coussin
púði

le vase
vasi

le sofa
sófi

la télécommande
fjarstýring

le tapis	le rideau	la table
teppi	gardínur	borð

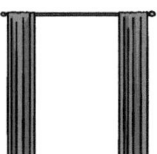

la chaise	la chaise à bascule	le fauteuil
stóll	ruggustóll	hægindastóll

le livre

bók

la couverture

sæng

la décoration

skraut

le bois de chauffage

eldiviður

le film

mynd

la chaîne hi-fi

hljómflutningstæki

la clé

lykill

le journal

dagblað

la peinture

málverk

le poster

veggspjald

la radio

útvarp

le bloc-notes

minnisbók

l'aspirateur

ryksuga

le cactus

kaktus

la bougie

kerti

la cuisine
eldhús

le réfrigérateur
ísskápur
le four à micro-ondes
örbylgjuofn
la balance de cuisine
eldhúsvog
le grille-pain
brauðrist
le détergent
uppþvottaefni
le four
ofn
le compartiment congélateur
frystihólf
la poubelle
öskutunna
le lave-vaisselle
uppþvottavél

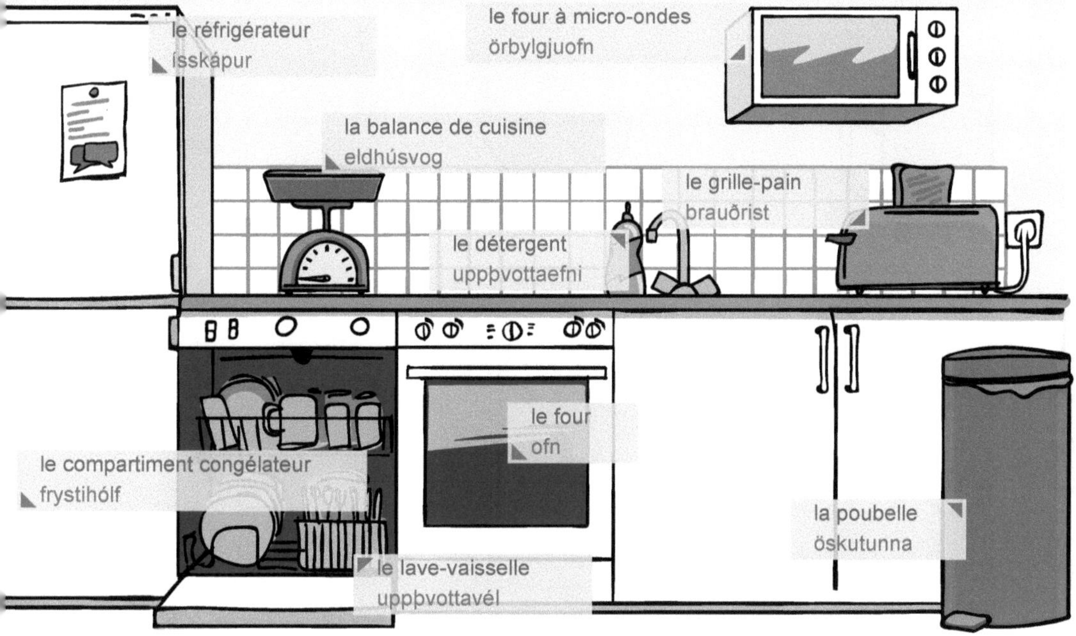

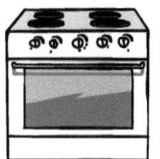

le four
eldavél

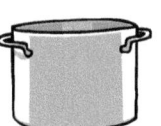

la casserole
pottur

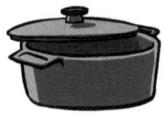

la marmite
steypujárnspottur

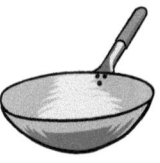

le wok / kadai
wok/kadai

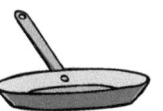

la poêle
panna

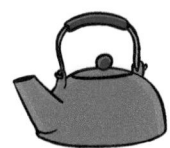

la bouilloire electrique
ketill

le cuiseur vapeur

gufukarfa

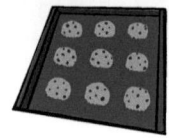

la plaque de cuisson

ofnform

la vaisselle

leirtau

le gobelet

mál

la coupe

skál

les baguettes

prjónar

la louche

ausa

la spatule

spaði

le fouet

pískur

la passoire

sigti

le tamis

málmsigti

la râpe

rifjárn

le mortier

mortél

le barbecue

grill

la cheminée

opinn eldur

la planche à découper

skurðarbretti

le rouleau à pâtisserie

kökukefli

le tire-bouchon

tappatogari

la boîte

dós

l'ouvre-boîte

dósaopnari

les maniques

pottaleppur

le lavabo

vaskur

la brosse

bursti

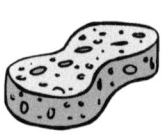

l'éponge

svampur

le mixeur

blandari

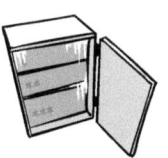

le congélateur

frystir

le biberon

peli

le robinet

blöndunartæki

la salle de bain
baðherbergi

le chauffage
upphitun
la douche
sturta
la serviette
handklæði
le rideau de douche
sturtuhengi
le bain moussant
froðubað
la baignoire
baðkar
le verre
glas
la machine à laver
þvottavél
le robinet
blöndunartæki
le carrelage
flísar
le pot
barnakoppur
le lavabo
vaskur

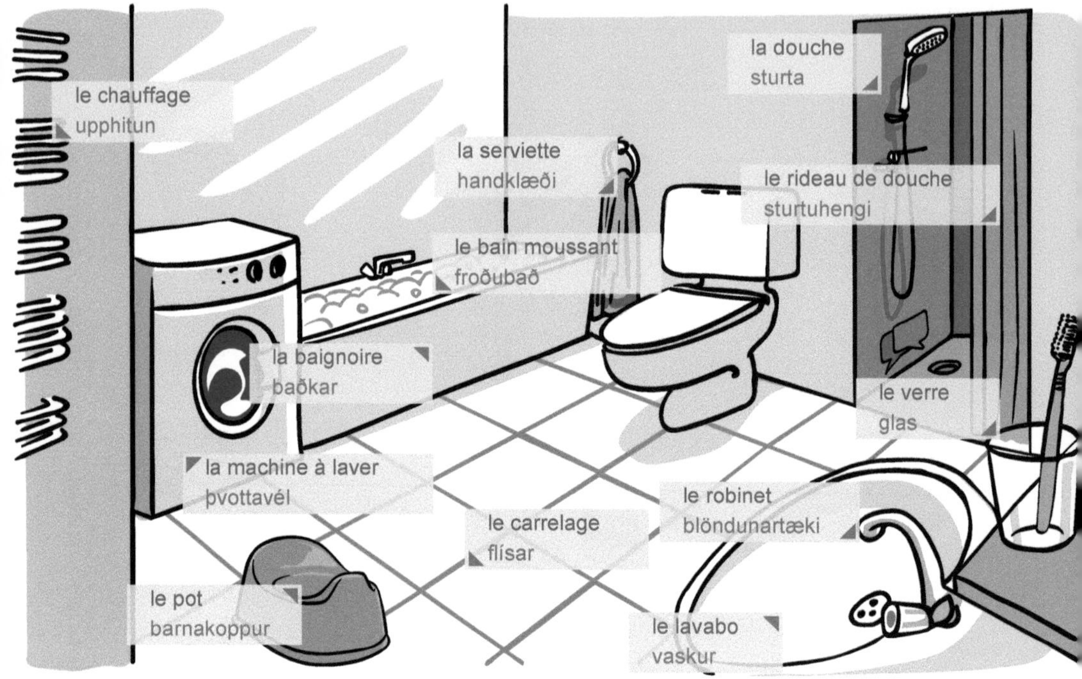

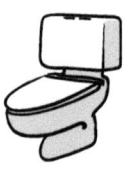

les toilettes

salerni

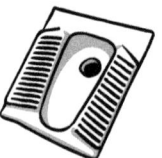

la toilette à la turque

salerni án setu

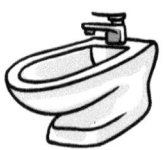

le bidet

skolskál

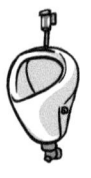

l'urinoir

þvagskál

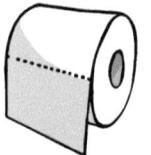

le papier toilette

salernispappír

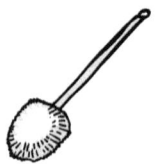

la brosse à toilette

salernisbursti

la brosse à dents

tannbursti

le dentifrice

tannkrem

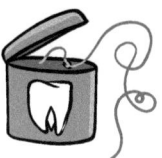

le fil dentaire

tannþráður

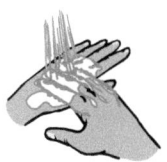

laver

þvo

la douche manuelle

handsturta

la douche intime

salernissturta

la vasque

vaskur

la brosse dorsale

bakbursti

le savon

sápa

le gel douche

sturtugel

le shampooing

sjampó

le gant de toilette

flannel

l'écoulement

niðurfall

la crème

krem

le déodorant

svitalyktareyðir

le miroir

spegill

le miroir cosmétique

handspegill

le rasoir

rakskafa

la mousse à raser

raksápa

l'après-rasage

rakspíri

la peigne

greiða

la brosse

bursti

le sèche-cheveux

hárþurrka

la laque pour cheveux

hársprey

le fond de teint

farði

le rouge à lèvres

varalitur

le vernis à ongles

naglalakk

l'ouate

bómull

le coupe-ongles

naglaklippur

le parfum

ilmvatn

la trousse de toilette

þvottapoki

le tabouret

kollur

le pèse-personne

vog

le peignoir

sloppur

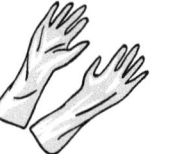

les gants de nettoyage

gúmmíhanskar

le tampon

tíðatappi

les serviettes hygiéniques

dömubindi

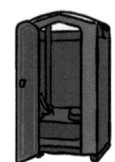

la toilette chimique

efnasalerni

la chambre d'enfant
barnaherbergi

le réveil
vekjaraklukka
le doudou
mjúkt leikfang
la voiture jouet
leikfangabíll
le hochet
hrista
la maison de poupée
dúkkuhús
le cadeau
gjöf

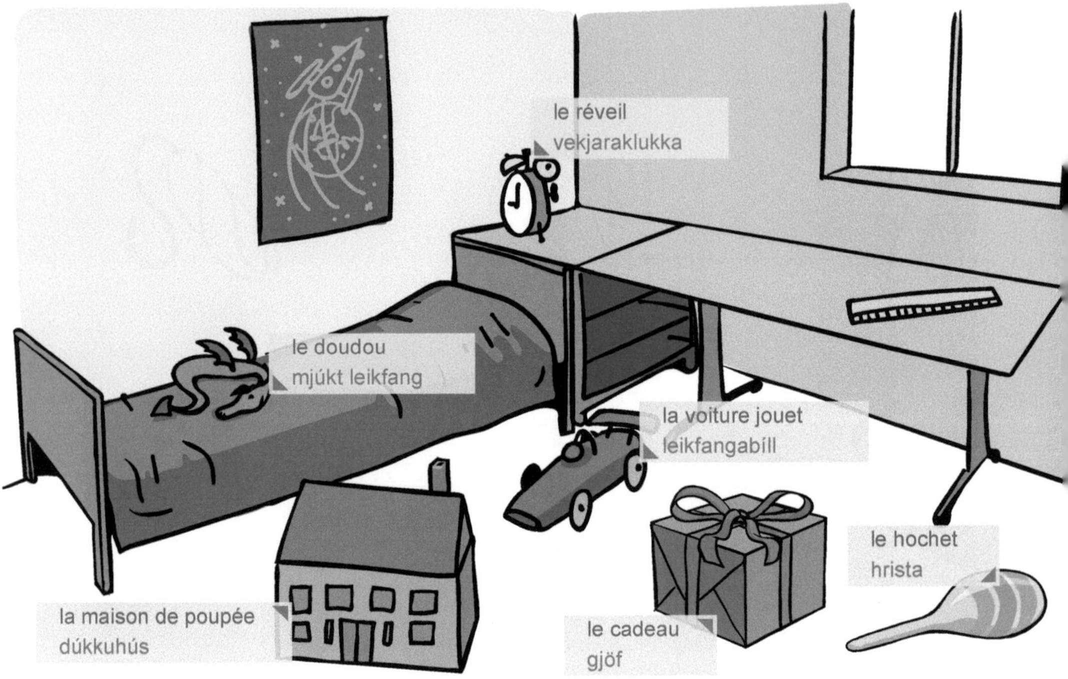

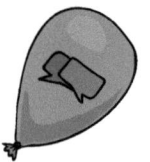

le ballon

blaðra

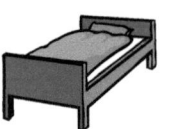

le lit

rúm

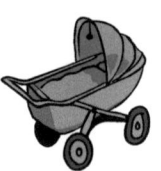

la poussette

barnavagn

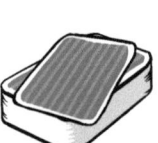

le jeu de cartes

spilastokkur

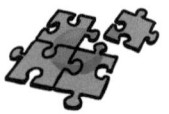

le puzzle

púsluspil

SUPER MEGA

la bande dessinée

myndasaga

les pièces lego

legókubbar

les blocs de construction

leikfangakubbar

la figurine

leikfangakall

la grenouillère

samfestingur

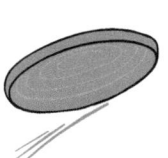

le frisbee

Frisbídiskur

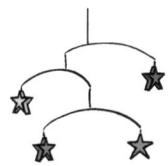

le mobile

órói

le jeu de société

spilaborð

le dé

teningar

le train miniature

lestarlíkan

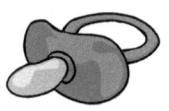

la sucette

snuð

la fête

veisla

le livre d'images

myndabók

la balle

bolti

la poupée

brúða

jouer

spila

le bac à sable
sandkassi

la balançoire
sveifla

les jouets
leikföng

la console de jeu
leikjatölva

le tricycle
þríhjól

l'ours en peluche
bangsi

l'armoire
fataskápur

les vêtements
föt

les chaussettes
sokkar

les bas
kvensokkabuxur

le collant
sokkabuxur

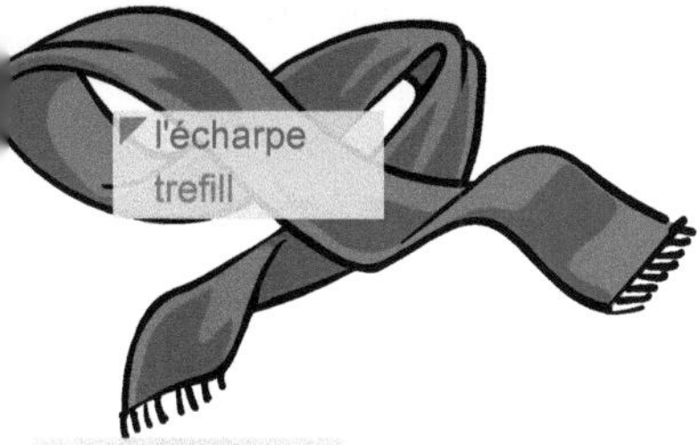

l'écharpe
trefill

le parapluie
regnhlíf

le t-shirt
stuttermabolur

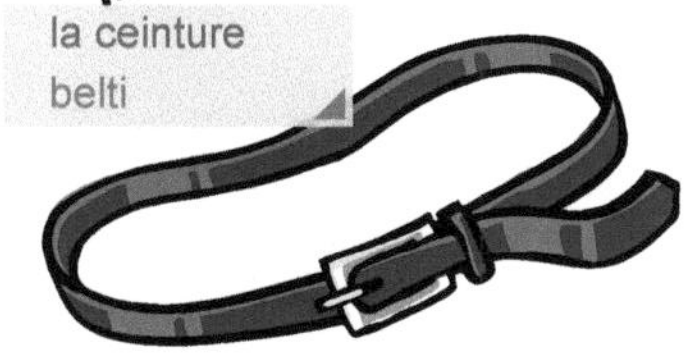

la ceinture
belti

les baskets
strigaskór

les bottes
skór

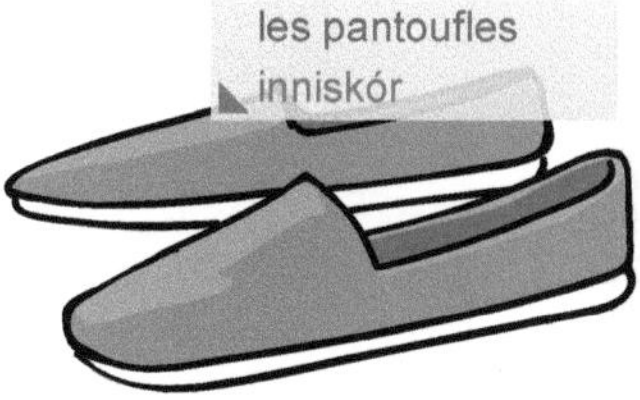

les pantoufles
inniskór

les sandales
sandalar

les chaussures
skór

les bottes de caoutchouc
gúmmístígvél

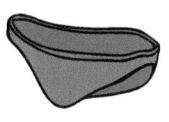

les sous-vêtements
nærbuxur

le soutien-gorge
brjóstahaldari

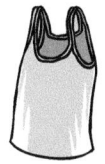

le maillot de corps
vesti

les vêtements - föt   45

le body

samfella

le pantalon

buxur

le jean

gallabuxur

la jupe

pils

le chemisier

blússa

la chemise

skyrta

le pull

peysa

le sweat à capuche

hettupeysa

la veste

jakki

la veste

jakki

le manteau

frakki

l'imperméable

regnfrakki

le costume

dragt

la robe

kjóll

la robe de mariée

brúðarkjóll

le costume

jakkaföt

la chemise de nuit

náttkjóll

le pyjama

náttföt

le sari

Sari

le foulard

höfuðslæða

le turban

túrban

la burqa

búrka

le caftan

kaftan

l'abaya

abaya

le maillot de bain

sundföt

le maillot de bain

sundbuxur

le short

stuttbuxur

la tenue d'entraînement

íþróttagalli

le tablier

svunta

les gants

hanskar

le bouton

hnappur

les lunettes

gleraugu

le bracelet

armband

le collier

hálsmen

la bague

hringur

la boucle d'oreille

eyrnalokkur

le bonnet

húfa

le cintre

herðatré

le chapeau

hattur

la cravate

bindi

la fermeture éclair

rennilás

le casque

hjálmur

les bretelles

axlabönd

l'uniforme scolaire

skólabúningur

l'uniforme

einkennisbúningur

le bavoir
smekkur

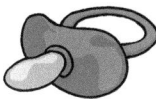

la sucette
snuð

la lange
bleyja

le bureau
skrifstofa

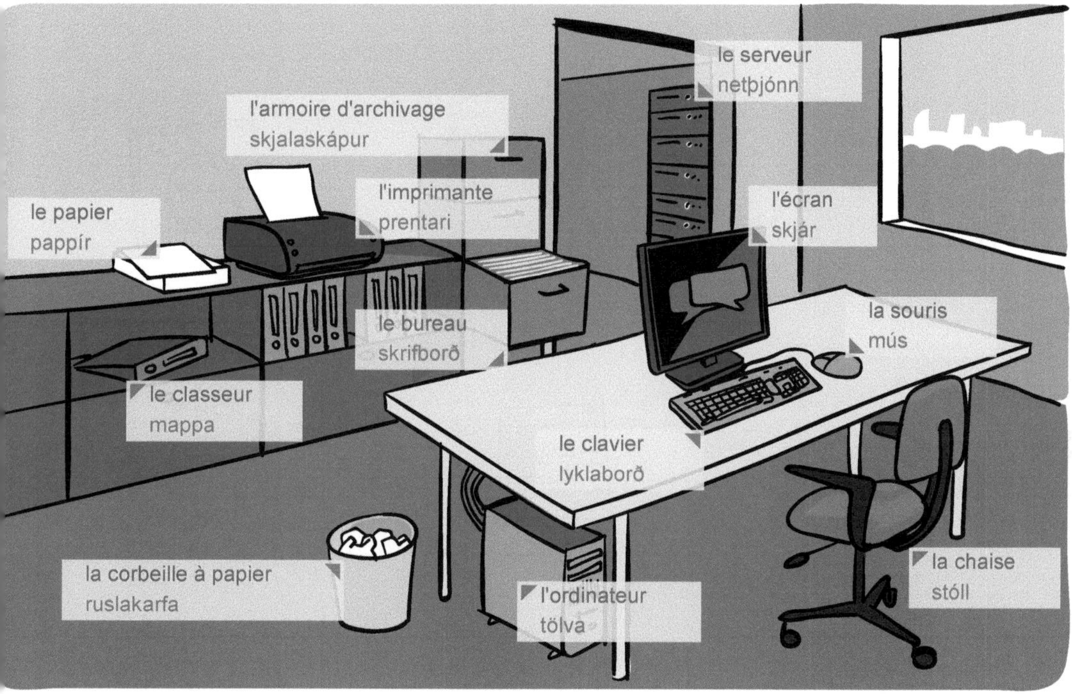

le serveur
netþjónn

l'armoire d'archivage
skjalaskápur

l'imprimante
prentari

l'écran
skjár

le papier
pappír

le bureau
skrifborð

la souris
mús

le classeur
mappa

le clavier
lyklaborð

la corbeille à papier
ruslakarfa

la chaise
stóll

l'ordinateur
tölva

la tasse de café
kaffibolli

la calculatrice
reiknivél

l'internet
internet

l'ordinateur portable

fartölva

la lettre

bréf

le message

skilaboð

le portable

farsími

le réseau

net

la photocopieuse

ljósritunarvél

le logiciel

hugbúnaður

le téléphone

sími

la prise

innstunga

le fax

faxtæki

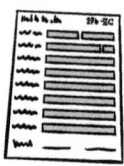

le formulaire

eyðublað

le document

skjal

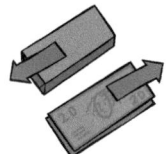

acheter

kaupa

payer

borga

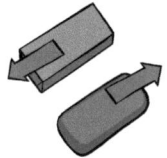

faire du commerce

versla

la monnaie

peningar

le dollar

dollari

l'euro

evra

le yen

jen

le rouble

rúbla

le franc suisse

svissneskur franki

le renminbi yuan

renminbi yuan

la roupie

rúpíur

le distributeur automatique

hraðbanki

le bureau de change

gjaldeyrisskipti

l'or

gull

l'argent

silfur

le pétrole

olía

l'énergie

orka

le prix

verð

le contrat

samningur

la taxe

skattur

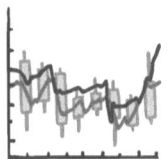

l'action

hlutabréf

travailler

vinna

l'employé

starfsmaður

l'employeur

vinnuveitandi

l'usine

verksmiðja

le magasin

búð

les professions
starfsgreinar

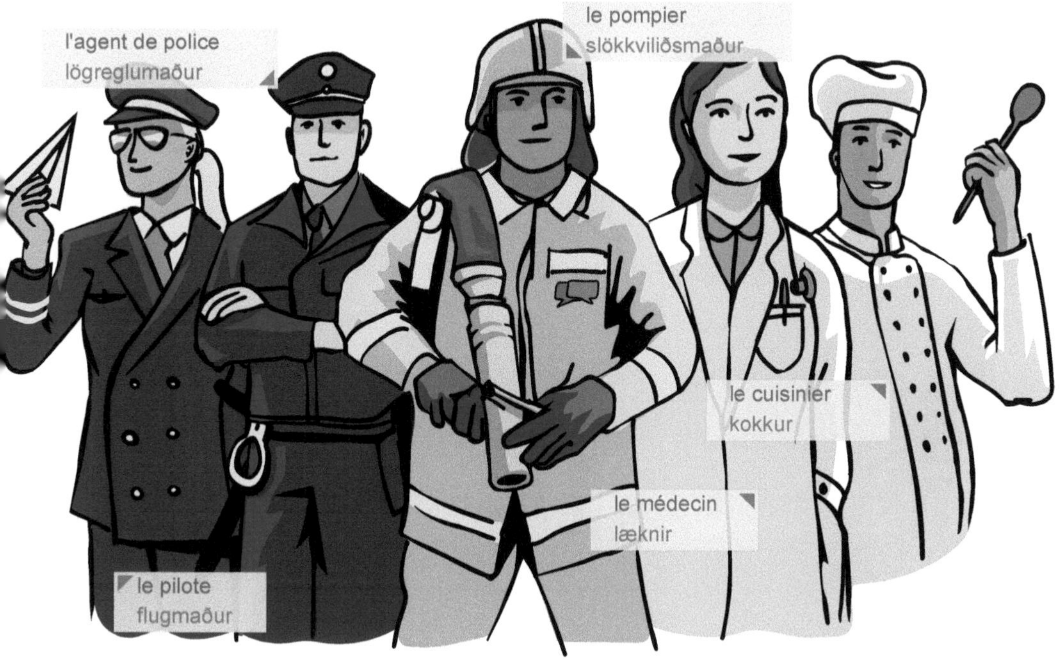
l'agent de police
lögreglumaður
le pompier
slökkviliðsmaður
le cuisinier
kokkur
le médecin
læknir
le pilote
flugmaður

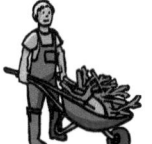

le jardinier

garðyrkjumaður

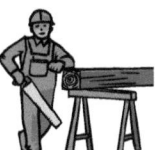

le menuisier

smiður

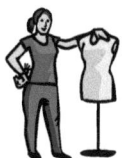

la couturière

saumakona

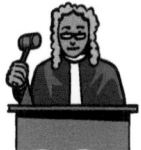

le juge

dómari

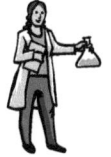

le chimiste

lyfjafræðingur

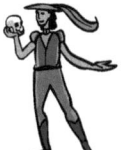

l'acteur

leikari

le conducteur de bus

strætóbílstjóri

le chauffeur de taxi

leigubílstjóri

le pêcheur

sjómaður

la femme de ménage

ræstitæknir

le couvreur

þaksmiður

le serveur

þjónn

le chasseur

veiðimaður

le peintre

málari

le boulanger

bakari

l'électricien

rafvirki

l'ouvrier

byggingaverkamaður

l'ingénieur

verkfræðingur

le boucher

slátrari

le plombier

pípari

le facteur

póstmaður

le soldat

hermaður

l'architecte

arkitekt

le caissier

gjaldkeri

le fleuriste

blómasali

le coiffeur

hárgreiðslumaður

le contrôleur

lestarstjóri

le mécanicien

vélvirki

le capitaine

skipstjóri

le dentiste

tannlæknir

le scientifique

vísindamaður

le rabbin

rabbíi

l'imam

Imam

le moine

munkur

le prêtre

prestur

les outils
verkfæri

le marteau
hamar
les pinces
tangir
le tournevis
skrúfjárn
la clé
skiptilykill
la torche
logsuðutæki

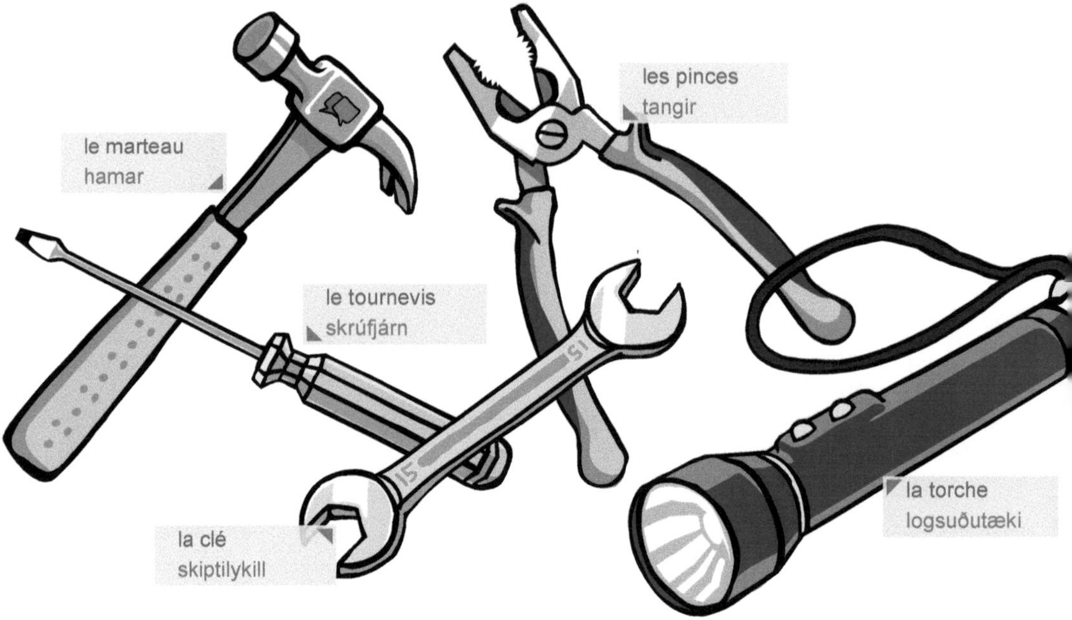

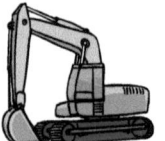

la pelleteuse

grafa

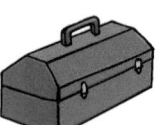

la boîte à outils

verkfærataska

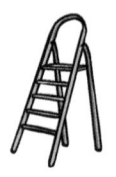

l'échelle

stigi

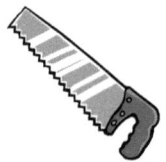

la scie

sög

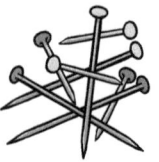

les clous

naglar

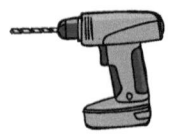

la perceuse

bor

réparer

gera við

la pelle

skófla

Mince !

Fjandinn!

la pelle

fægiskófla

le pot de peinture

málningarfata

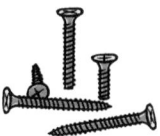

les vis

skrúfur

les instruments de musique
hljóðfæri

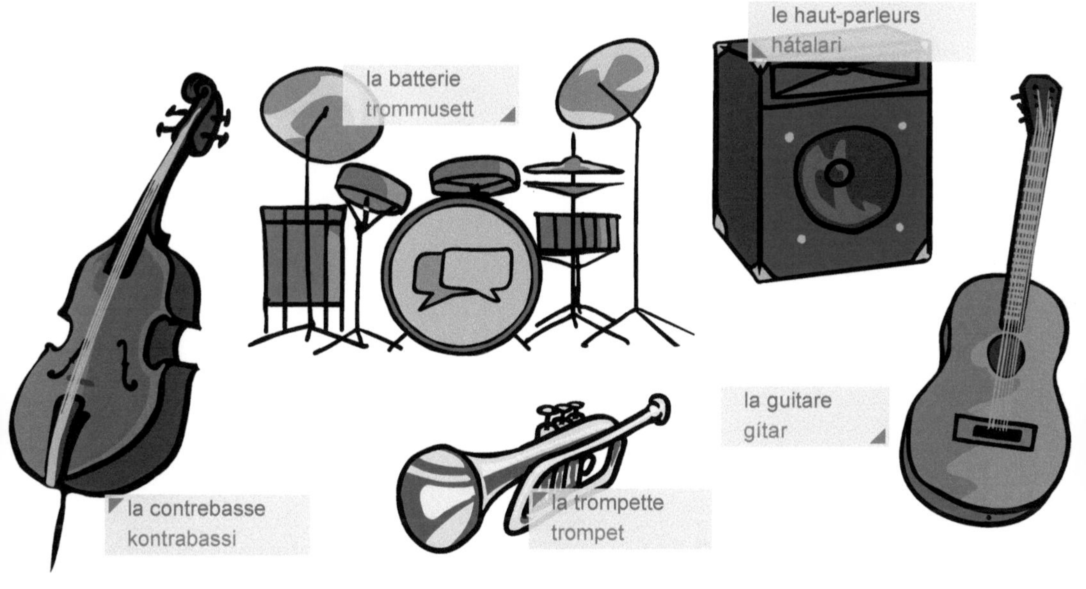

le haut-parleurs
hátalari

la batterie
trommusett

la guitare
gítar

la contrebasse
kontrabassi

la trompette
trompet

le piano

píanó

le violon

fiðla

la basse

bassi

les timbales

pákur

le tambour

trommur

le piano électrique

hljómborð

le saxophone

saxófónn

la flûte

flauta

le microphone

hljóðnemi

les instruments de musique - hljóðfæri

le zoo

dýragarður

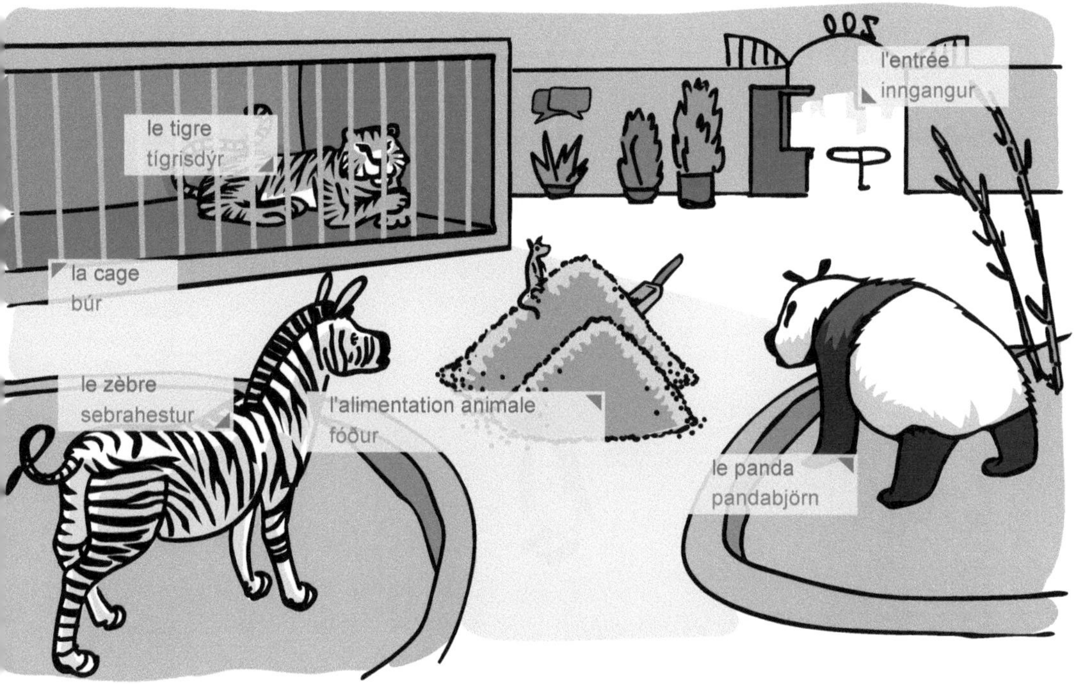
l'entrée
inngangur
le tigre
tígrisdýr
la cage
búr
le zèbre
sebrahestur
l'alimentation animale
fóður
le panda
pandabjörn

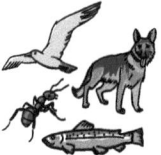

les animaux

dýr

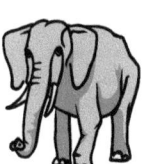

l'éléphant

fíll

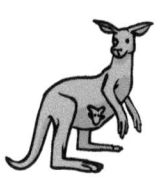

le kangourou

kengúra

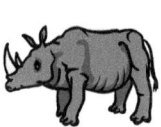

le rhinocéros

nashyrningur

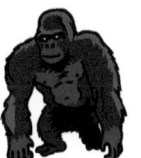

le gorille

górilla

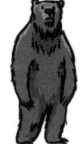

l'ours

skógarbjörn

le chameau

úlfaldi

l'autruche

strútur

le lion

ljón

le singe

api

le flamand rose

flamingó

le perroquet

páfagaukur

l'ours polaire

ísbjörn

le pingouin

mörgæs

le requin

hákarl

le paon

páfugl

le serpent

snákur

le crocodile

krókódíll

le gardien de zoo

dýragarðsvörður

le phoque

selur

le jaguar

jagúar

le poney

hestur

le léopard

hlébarði

l'hippopotame

flóðhestur

la girafe

gíraffi

l'aigle

örn

le sanglier

villisvín

le poisson

fiskur

la tortue

skjaldbaka

le morse

rostungur

le renard

refur

la gazelle

gasella

le zoo - dýragarður

l'american Football
Ameríkur fótbolti

le cyclisme
hjólreiðar

le tennis
tennis

le basket-ball
körfubolti

la natation
sund

le hockey sur glace
íshokkí

la boxe
hnefaleikar

le football

fótbolti

le badminton

hnit

l'athlétisme

frjálsar íþróttir

le handball

handbolti

le ski

skíði

le polo

póló

les activités
athafnir

rire
hlæja
sauter
hoppa
embrasser
faðma
marcher
ganga
chanter
syngja
rêver
dreyma
prier
biðja
faire la bise
kyssa

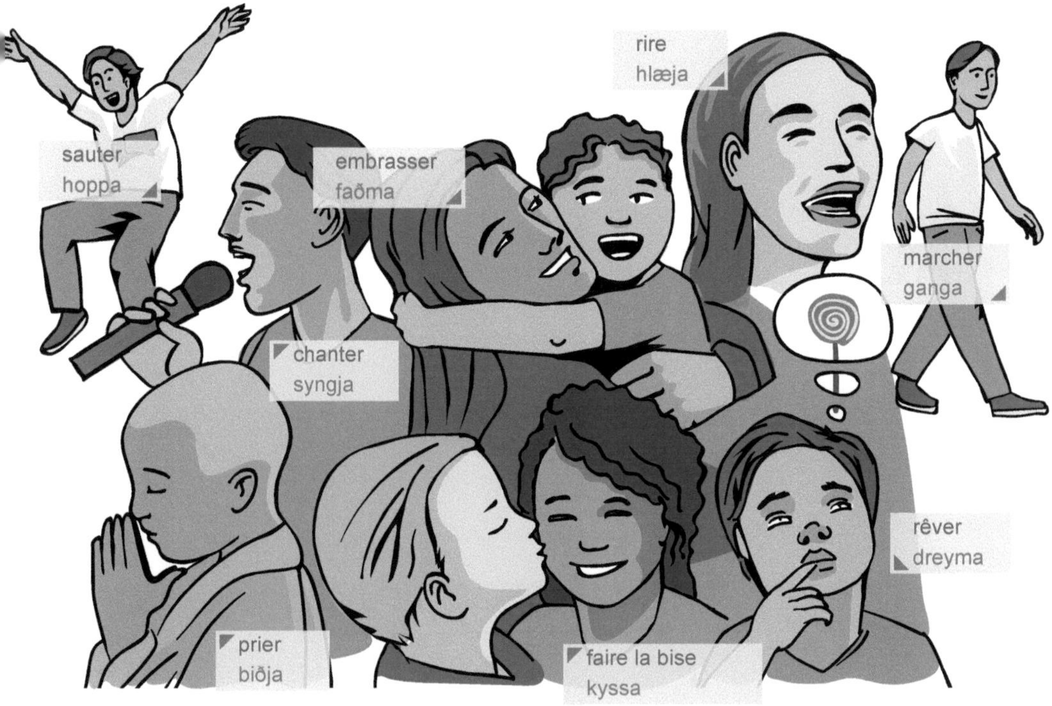

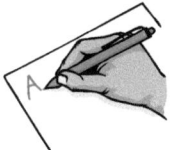

écrire

skrifa

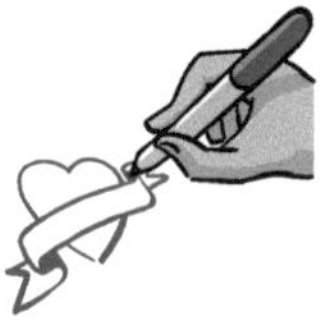

dessiner

teikna

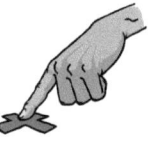

montrer

sýna

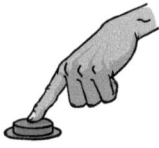

pousser

ýta

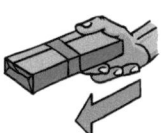

donner

gefa

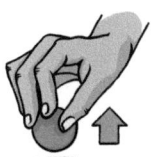

prendre

taka

avoir

hafa

faire

gera

être

vera

être debout

standa

courir

hlaupa

trier

draga

jeter

kasta

tomber

detta

être couché

ljúga

attendre

bíða

porter

bera

être assis

sitja

s'habiller

klæða sig

dormir

sofa

se réveiller

vakna

regarder

líta á

pleurer

gráta

caresser

strjúka

peigner

greiða

parler

tala

comprendre

skilja

demander

spyrja

écouter

hlusta

boire

drekka

manger

borða

ranger

taka til

aimer

elska

cuire

elda

conduire

keyra

voler

fljúga

faire de la voile

sigla

calculer

reikna

lire

lesa

apprendre

læra

travailler

vinna

se marier

giftast

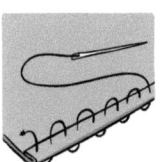

coudre

sauma

brosser les dents

bursta tennur

tuer

drepa

fumer

reykja

envoyer

senda

la famille
fjölskylda

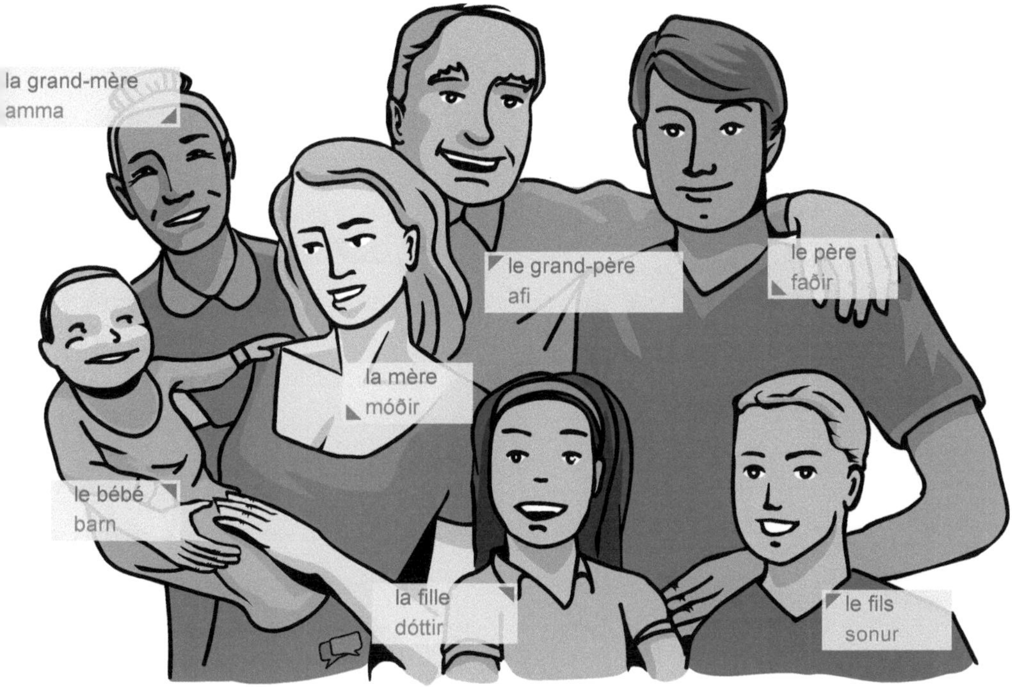

la grand-mère
amma
le grand-père
afi
le père
faðir
la mère
móðir
le bébé
barn
la fille
dóttir
le fils
sonur

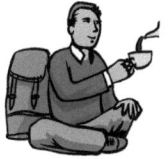

l'hôte

gestur

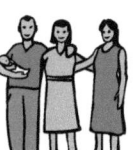

la tante

frænka

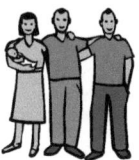

l'oncle

frændi

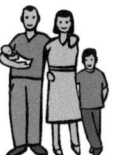

le frère

bróðir

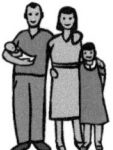

la sœur

systir

le corps
líkami

le front
enni
l'œil
auga
l'épaule
öxl
le doigt
fingur
le visage
andlit
le menton
haka
la main
hönd
la jambe
fótleggur
la poitrine
brjóst
le bras
handleggur

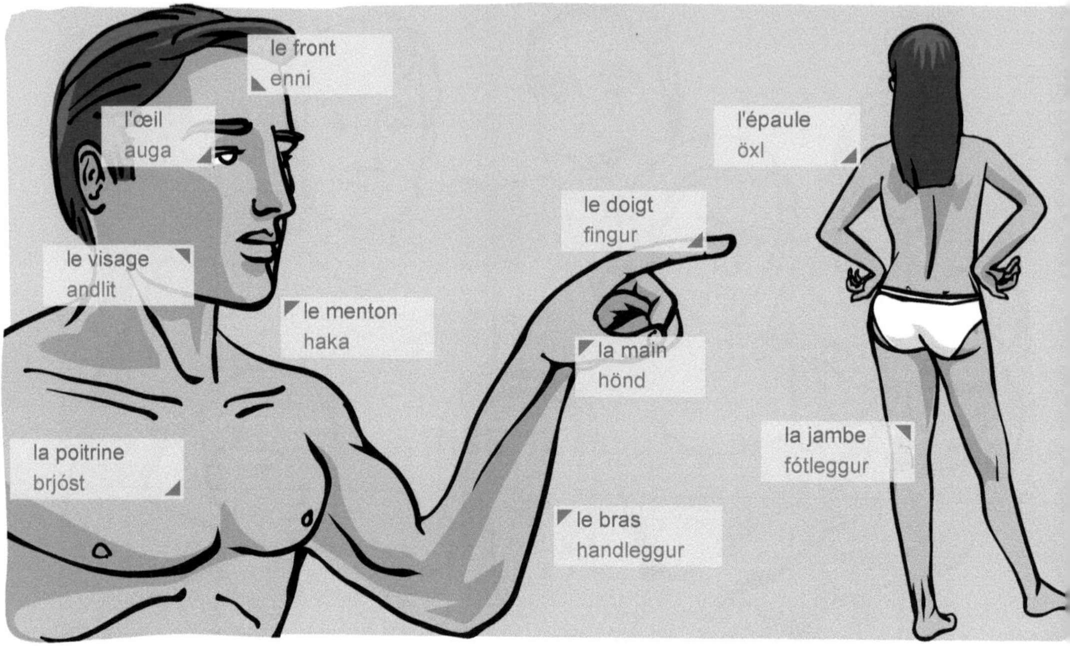

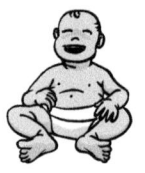

le bébé

barn

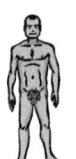

l'homme

maður

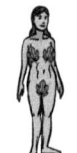

la femme

kona

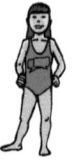

la fille

stúlka

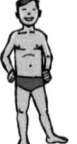

le garçon

drengur

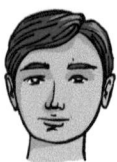

la tête

höfuð

le dos
bak

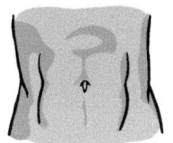

le ventre
kviður

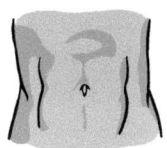

le nombril
nafli

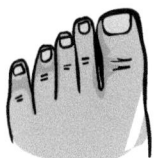

l'orteil
tá

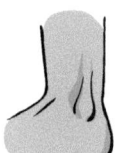

le talon
hæll

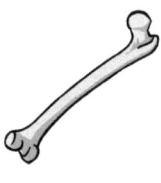

l'os
bein

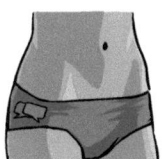

la hanche
mjöðm

le genou
hné

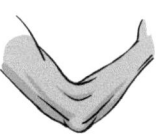

le coude
olnbogi

le nez
nef

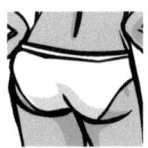

les fesses
rass

la peau
húð

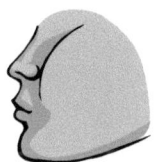

la joue
kinn

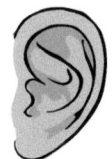

l'oreille
eyra

la lèvre
vör

la bouche
....
munnur

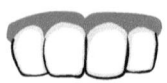

la dent
....
tönn

la langue
....
tunga

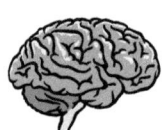

le cerveau
....
heili

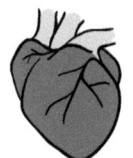

le cœur
....
hjarta

le muscle
....
vöðvi

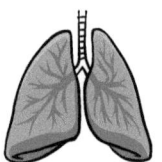

les poumons
....
lunga

le foie
....
lifur

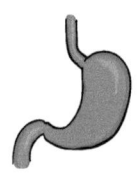

l'estomac
....
magi

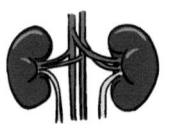

les reins
....
nýru

le rapport sexuel
....
kynmök

le préservatif
....
smokkur

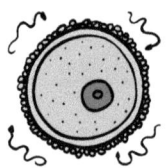

l'ovule
....
eggfruma

le sperme
....
sæði

la grossesse
....
ólétta

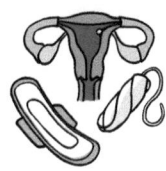

la menstruation
....
tíðir

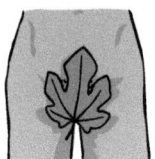

le vagin
....
leggöng

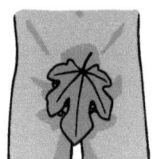

le pénis
....
typpi

le sourcil
....
augabrún

les cheveux
....
hár

le cou
....
háls

l'hôpital
sjúkrahús

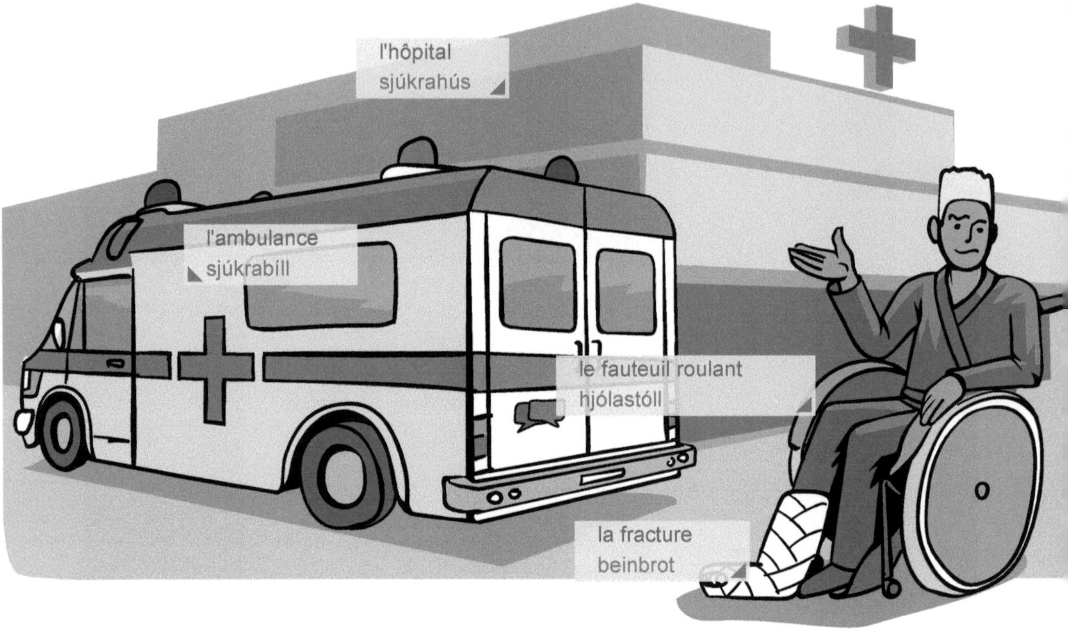

l'hôpital
sjúkrahús
l'ambulance
sjúkrabíll
le fauteuil roulant
hjólastóll
la fracture
beinbrot

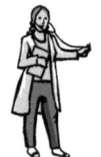

le médecin

læknir

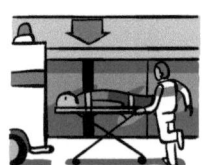

le service des urgences

bráðamóttaka

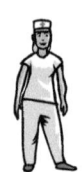

l'infirmière

hjúkrunarfræðingur

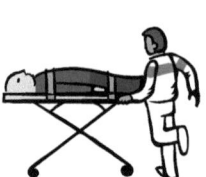

l'urgence

neyðartilvik

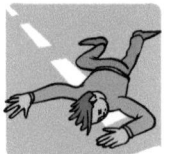

inconscient

meðvitundarlaus

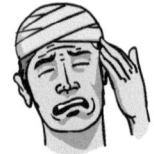

la douleur

verkir

la blessure

meiðsli

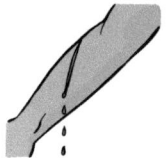

l'hémorragie

blæðing

la crise cardiaque

hjartaáfall

l'attaque cérébrale

heilablóðfall

l'allergie

ofnæmi

la toux

hósti

la fièvre

hiti

la grippe

flensa

la diarrhée

niðurgangur

le mal de tête

höfuðverkur

le cancer

krabbamein

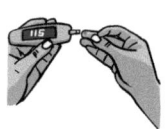

le diabète

sykursýki

le chirurgien

skurðlæknir

le scalpel

skurðhnífur

l'opération

aðgerð

le CT

sneiðmyndataka

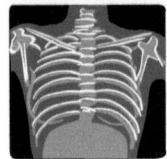

la radiographie

röntgengeisli

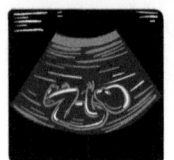

l'échographie

ómskoðun

le masque

andlitsgríma

la maladie

sjúkdómur

la salle d'attente

biðstofa

la béquille

hækja

le pansement

gifs

le pansement

sáraumbúðir

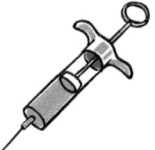

l'injection

sprauta

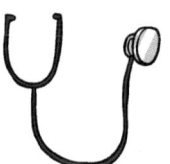

le stéthoscope

hlustunarpípa

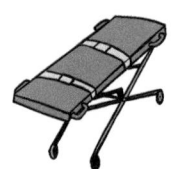

le brancard

börur

le thermomètre

líkamshitamælir

l'accouchement

fæðing

la surcharge pondérale

yfirvigt

l'appareil auditif

heyrnartæki

le désinfectant

sótthreinsiefni

l'infection

sýking

le virus

veira

le VIH / le sida

HIV / AIDS

le médicament

lyf

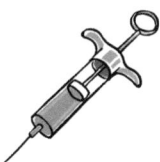

la vaccination

bólusetning

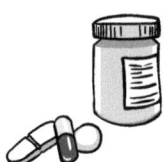

les comprimés

töflur

la pilule

pilla

l'appel d'urgence

neyðarsímtal

le tensiomètre

blóðþrýstingsmælir

malade / sain

lasinn / heilbrigður

Au secours !

Hjálp!

l'alarme

viðvörun

l'assaut

líkamsárás

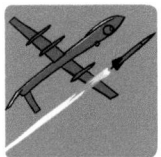

l'attaque

árás

le danger

hætta

la sortie de secours

neyðarútgangur

Au feu!

Eldur!

l'extincteur

slökkvitæki

l'accident

slys

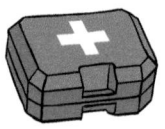

la trousse de premier secours

skyndihjálparbúnaður

SOS

SOS

la police

lögregla

l'Europe

Evrópa

l'Amérique du Nord

Norður-Ameríka

l'Amérique du Sud

Suður-Ameríka

l'Afrique

Afríka

l'Asie

Asía

l'Australie

Ástralía

l'Océan atlantique

Atlantshaf

l'Océan pacifique

Kyrrahaf

l'Océan indien

Indlandshaf

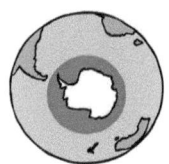

l'Océan antarctique

Suður-Íshaf

l'Océan arctique

Norður-Íshaf

le Pôle nord

Norðurpóll

le Pôle sud

Suðurpóll

l'Antarctique

Suðurskautslandið

la terre

Jörð

le pays

land

la mer

sjór

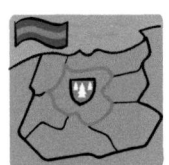

l'île

eyja

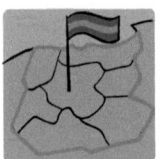

la nation

þjóð

l'état

ríki

le cadran

klukkuskífa

l'aiguille des heures

litli vísir

l'aiguille des minutes

stóri vísir

l'aiguille des secondes

sekúnduvísir

Quelle heure est-il ?

Hvað er klukkan?

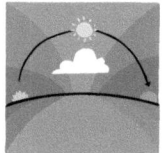

le jour

dagur

le temps

tími

maintenant

nú

la montre digitale

tölvuúr

la minute

mínúta

l'heure

klukkustund

la semaine

vika

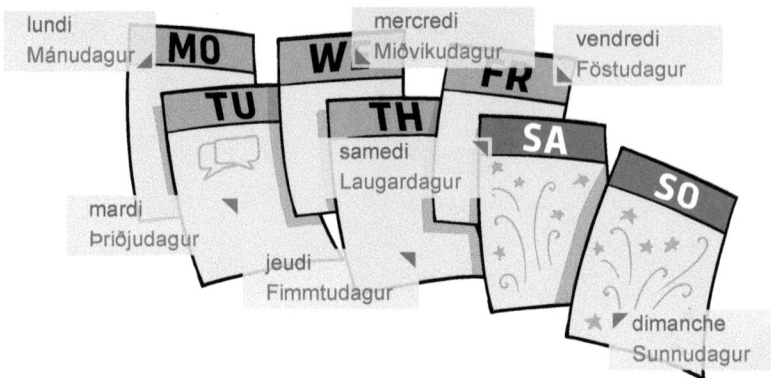

lundi
Mánudagur

mercredi
Miðvikudagur

vendredi
Föstudagur

mardi
Þriðjudagur

jeudi
Fimmtudagur

samedi
Laugardagur

dimanche
Sunnudagur

hier

í gær

aujourd'hui

í dag

demain

á morgun

le matin

morgunn

le midi

hádegi

le soir

kvöld

MO	TU	WE	TH	FR	SA	SU
1	2	3	4	5	6	7
8	9	10	11	12	13	14
15	16	17	18	19	20	21
22	23	24	25	26	27	28
29	30	31	1	2	3	4

les jours ouvrables

virkir dagar

MO	TU	WE	TH	FR	SA	SU
1	2	3	4	5	6	7
8	9	10	11	12	13	14
15	16	17	18	19	20	21
22	23	24	25	26	27	28
29	30	31	1	2	3	4

le week-end

helgi

l'année
ár

la pluie
rigning
l'arc-en-ciel
regnbogi
le vent
vindur
la neige
snjór
le printemps
vor
l'automne
haust
l'été
sumar
l'hiver
vetur

4.APRIL 11°
5.APRIL 4°
6.APRIL 13°
7.APRIL 8°
8.APRIL 10°

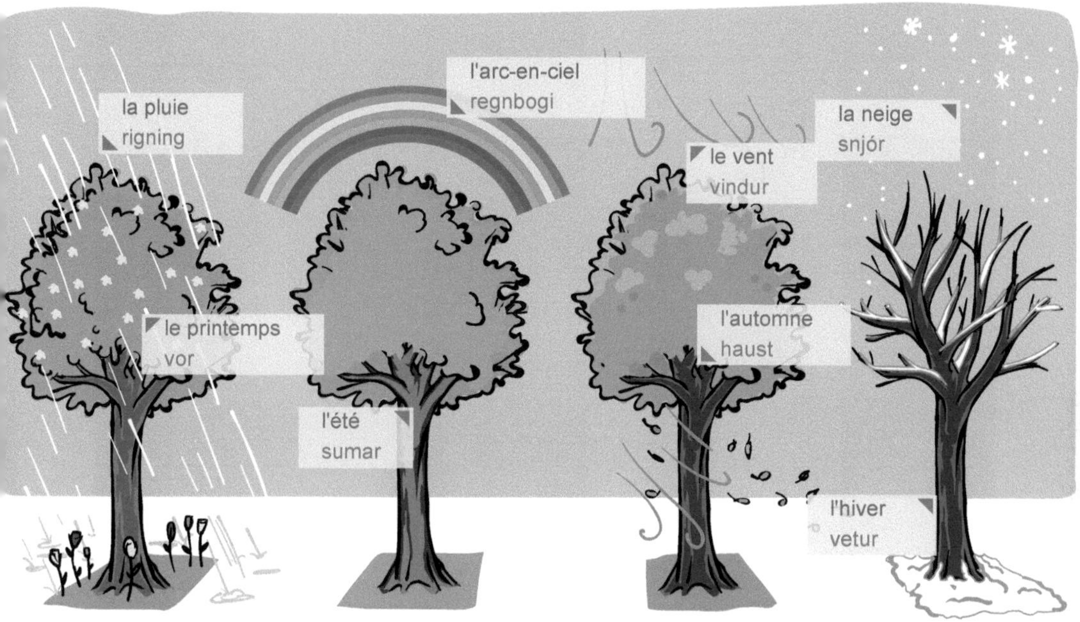

la météo

veðurspá

F C
120 40
30
90 20
60 10
30 0
0 -10
-30 -20

le thermomètre

hitamælir

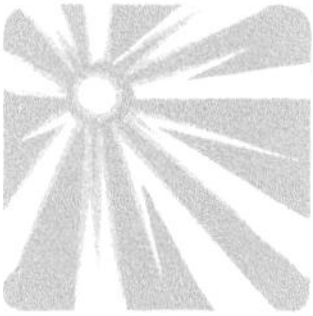

la lumière du soleil

sólskin

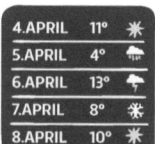

le nuage

ský

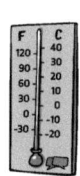

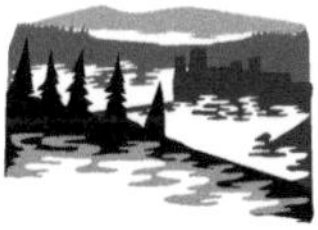

le brouillard

þoka

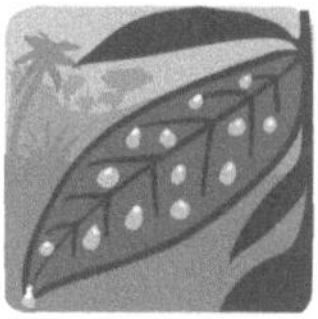

l'humidité

raki

la foudre

eldingar

la tonnerre

þrumuveður

la tempête

stormur

la grêle

haglél

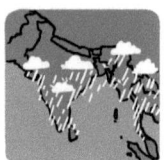

la mousson

monsún

l'inondation

flóð

la glace

ís

janvier

Janúar

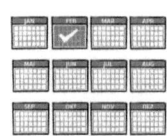

février

Febrúar

mars

Mars

avril

Apríl

mai

Maí

juin

Júní

juillet

Júlí

août

Ágúst

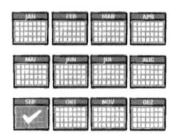

septembre

September

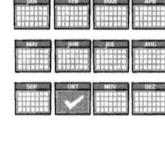

octobre

Október

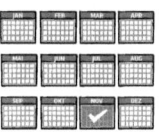

novembre

Nóvember

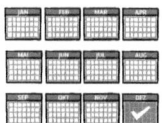

décembre

Desember

les formes

form

le cercle

hringur

le carré

ferningur

le rectangle

rétthyrningur

le triangle

þríhyrningur

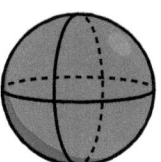

la sphère

kúla

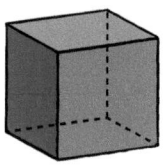

le cube

teningur

blanc

hvítur

jaune

gulur

orange

appelsínugulur

rose

bleikur

rouge

rauður

violet

fjólublár

bleu

blár

vert

grænn

marron

brúnn

gris

grár

noir

svartur

beaucoup / peu

mikið / lítið

fâché / calme

reiður / rólegur

joli / laid

fallegur / ljótur

le début / la fin

upphaf / endir

grand / petit

stór / lítill

clair / obscure

bjartur / dimmur

frère / soeur

bróðir / systir

propre / sale

hreinn / óhreinn

complet / incomplet

heill / ófullnægjandi

le jour / la nuit

dagur / nótt

mort / vivant

dauður / lifandi

large / étroit

breiður / mjór

comestible / incomestible

ætur / óætur

méchant / gentil

vondur / góður

excité / ennuyé

spenntur / leiður

gros / mince

feitur / mjór

le premier / le dernier

fyrstur / síðastur

l'ami / l'ennemi

vinur / óvinur

plein / vide

fullur / tómur

dur / souple

harður / mjúkur

lourd / léger

þungur / léttur

faim / soif

svangur / þyrstur

malade / sain

lasinn / heilbrigður

illégal / légal

ólöglegur / löglegur

intelligent / stupide

greindur / heimskur

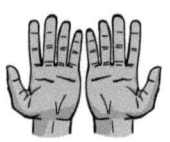

gauche / droite

vinstri / hægri

proche / loin

nálægur / fjarlægur

nouveau / usé

nýr / notaður

rien / quelque chose

ekkert / eitthvað

vieux / jeune

gamall / ungur

marche / arrêt

kveikt / slökkt

ouvert / fermé

opna / loka

faible / fort

Lágvær / hávær

riche / pauvre

ríkur / fátækur

correct / incorrect

rétt / rangt

rugueux / lisse

grófur / sléttur

triste / heureux

sorgbitinn / hamingjusamur

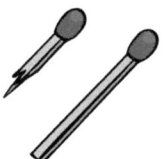

court / long

stutt / lengi

lent / rapide

hægt / hratt

mouillé / sec

blautur / þurr

chaud / froid

heitur / kaldur

la guerre / la paix

stríð / friður

les oppositions - andstæður

0

zéro

núll

1

un / une

einn

2

deux

tveir

3

trois

þrír

4

quatre

fjórir

5

cinq

fimm

6

six

sex

7

sept

sjö

8

huit

átta

9

neuf

níu

10

dix

tíu

11

onze

ellefu

12

douze

tólf

13

treize

þrettán

14

quatorze

fjórtán

15

quinze

fimmtán

16

seize

sextán

17

dix-sept

sautján

18

dix-huit

átján

19

dix-neuf

nítján

20

vingt

tuttugu

100

cent

hundrað

1.000

mille

þúsund

1.000.000

le million

milljón

l'anglais

Enska

l'anglais américain

Amerísk enska

le chinois mandarin

Mandarin-kínverska

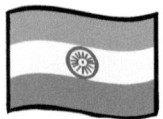

le hindi

Hindí

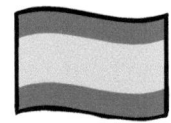

l'espagnol

Spænska

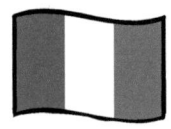

le français

Franska

l'arabe

Arabíska

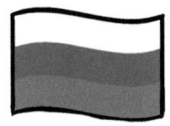

le russe

Rússneska

le portugais

Portúgalska

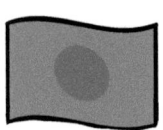

le bengali

Bengali

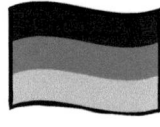

l'allemand

Þýska

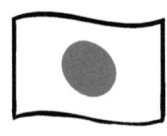

le japonais

Japanska

je

ég

tu

þú

il / elle / ce, c', cela

hann / hún / það

nous

við

vous

þú

ils / elles

þeir

Qui ?

hver?

Quoi ?

hvað?

Comment ?

hvernig?

Où ?

hvar?

Quand ?

hvenær?

le nom

nafn

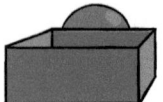

derrière

bakvið

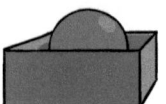

dans

í

devant

fyrir framan

au-dessus

yfir

sur

á

en-dessous

undir

à côté de

við hliðina

entre

milli

le lieu

sæti